ŒUVRES COMPLÈTES
DE MOLIÈRE
ILLUSTRÉES
PAR JANET-LANGE.

GEORGE DANDIN
COMÉDIE EN TROIS ACTES.

NOTICE SUR GEORGE DANDIN.

Le 18 juillet 1668, après la conquête de la Franche-Comté et la paix d'Aix-la-Chapelle, Louis XIV vint donner à Versailles une fête magnifique, dont la relation a été publiée par André Félibien dans un énorme volume in-folio. Après la collation et avant le souper, la comédie de *George Dandin* fut représentée sur un théâtre dressé tout exprès dans une salle de verdure par le célèbre machiniste italien Vigarani. Elle était accompagnée d'intermèdes assez fades, dont Lulli avait composé la musique. Joué le 9 novembre de la même année sur le théâtre du Palais-Royal, *George Dandin* eut dix représentations successives.

Au moment où Molière allait mettre cette comédie au théâtre, un de ses amis lui fit entendre qu'il y avait dans le monde un homme qui pourrait bien se reconnaître dans le personnage de Dandin, et qui, par ses amis

M. DE SOTENVILLE. — Mon gendre que vous devez être ravi! (Act. II, sc. XI.)

et sa famille, était en état de nuire au succès de la pièce : « Je sais, répondit Molière, un moyen sûr de me concilier cet homme; j'irai lui lire ma comédie. » En effet, le même soir Molière l'aborde au spectacle, et lui demande une de ses heures perdues pour lui faire une lecture. L'homme en question se trouva si fort honoré de cette preuve de confiance, que, toute affaire cessante, il donna parole pour le lendemain. « Molière, disait-il à tout le monde, me lit ce soir une comédie! Voulez-vous en être? » Le soir, Molière trouva une nombreuse assemblée, et son homme qui la présidait. La pièce fut jugée excellente. Lorsque plus tard elle fut représentée, elle n'eut pas de plus zélé partisan que ce pauvre mari, qui ne s'était pas reconnu.

Deux nouvelles de Giovanni Boccacio, cet illustre conteur italien, que nous connaissons sous le nom de Boccace, ont fourni les éléments de *George Dandin*. Dans la première, Arriguccio Berlinghieri, riche marchand, a fait la folie d'épouser une demoiselle noble, appelée Sismonde. Sa femme a un amant qu'elle reçoit la

13.

nuit à un signal convenu. S'apercevant une fois de leur manége, le mari descend dans la rue et s'élance à la poursuite de l'homme qui l'outrage; puis il revient trouver sa femme; mais Sismonde a eu la précaution de se cacher, d'éteindre la chandelle et de mettre à sa place sa servante. Arriguccio entre dans la chambre en criant : « Où es-tu, scélérate? Il ne sert de rien d'avoir éteint la lumière, tu ne m'échapperas pas! » Et, se précipitant sur celle qu'il croit sa femme, il lui donne mille coups, il lui meurtrit le visage, lui coupe les cheveux et s'éloigne en disant : « Infâme! je ne veux plus de toi ! Je vais appeler tes parents et les instruire de ta bonne vie. Ils te traiteront comme ils voudront; mais, quant à moi, je ne veux jamais te revoir. » A ces mots, Berlinghieri va trouver sa belle-mère et ses beaux-frères pour leur raconter l'aventure. Toute la parenté est saisie d'indignation; cependant la mère représente que la vertu est héréditaire dans sa maison, et que sa fille a été trop bien élevée pour forfaire à l'honneur. On arrive au logis. On trouve Sismonde parfaitement calme et sans la moindre égratignure. Berlinghieri, qui s'imaginait la voir presque assommée, est tellement déconcerté qu'il se laisse accuser d'imposture. Sismonde, après avoir protesté de son innocence, prend l'offensive et accable son époux de reproches. « Il me force, dit-elle à ses frères, de vous révéler son infâme conduite. Cet homme, qui devrait se faire honneur d'une alliance comme la nôtre, me traite de la façon la plus indigne. Il court les cabarets , et, quand il est ivre, il commet une foule d'extravagances. Ce qu'il vous a conté lui sera probablement arrivé dans quelque mauvais lieu. Voyez un peu sa mine, il n'est pas encore dégrisé; mais je lui pardonne de bon cœur, et je vous conseille d'en faire autant. — Comment! s'écrie la mère en fureur, de pareilles infamies se pardonnent-elles ? Un homme que nous avons tiré du néant, un petit marchand de pommes traitera comme une misérable une femme de qualité! Si l'on m'avait écoutée, on vous aurait mariée à un gentilhomme; et vous n'auriez jamais épousé ce faquin, qui reconnaît en cherchant à vous déshonorer les bontés qu'on a eues pour lui! » Les frères adressent à leur tour une mercuriale à Berlinghieri, et sortent en le laissant non moins consterné que George Dandin.

Un autre conte de Boccace a donné la première idée de la scène où Angélique fait semblant de se poignarder. Tofan, riche habitant d'Arezzo, avait le défaut de s'enivrer, et, pendant qu'il cuvait son vin, sa femme s'échappait clandestinement. Il finit par concevoir des soupçons; et, pour s'assurer de la vérité, il s'abstint de boire pendant un jour, mais il donna en entrant tous les signes d'un complet abrutissement. Dès qu'il fut couché, sa femme s'éclipsa, Tofan se leva peu de temps après, ferma la porte en dedans et s'installa à la fenêtre en attendant le retour de la coupable. Celle-ci reparut et fit d'inutiles efforts pour forcer la serrure. « Tu perds ton temps , lui cria Tofan du haut de son observatoire, tu ne saurais entrer; retourne d'où tu viens : tu ne mettras jamais le pied dans ma maison que je ne t'aie fait la honte que tu mérites, en présence de tes parents et de mes voisins. » La belle eut beau le conjurer d'ouvrir, en lui protestant qu'elle venait de chez une voisine où elle était allée veiller; ses prières ne servirent de rien : son mari avait résolu de faire éclater leur commune infamie. Les prières ne pouvant l'émouvoir, en vint aux menaces et lui dit que, s'il n'ouvrait, elle allait le perdre. — Et que peux-tu me faire? répondit le mari. — Plutôt que de souffrir, reprit-elle, la honte dont tu veux me couvrir sans sujet, je me précipiterai dans ce puits. Comme tu passes avec justice pour un ivrogne de profession, tout le monde croira que tu m'y aurais jetée; et alors on te fera mourir comme un meurtrier.

Cette menace ne produisant pas plus d'effet que la prière : — Dieu te pardonne, dit la belle, il faut donc voir si tu te trouveras bien de m'avoir mise au désespoir.

La nuit était des plus obscures; et la belle s'étant avancée du côté du puits prit une grosse pierre, qu'elle jeta dedans après avoir crié tout haut : Mon Dieu , veuillez me pardonner ! Tofan, entendant le bruit que la pierre avait fait en tombant, ne doute point que sa femme ne se soit jetée dans le puits. La peur le prend, il sort sans fermer la porte, et va voir s'il n'entendra pas sa femme se débattre. La femme, qui s'était cachée près de la porte, entre aussitôt qu'il est sorti, ferme la porte sur elle, et se met à la fenêtre.

Tofan, entendant sa femme qui lui parlait, vit bien qu'il était pris pour dupe, et, trouvant la porte fermée, commença à prier à son tour; mais la belle ne parlait plus en suppliante. — Ivrogne, fâcheux que tu es, lui dit-elle, tu n'entreras point; je suis lasse de tes débauches. Je veux que tout le monde sache ta belle vie, et à quelle heure tu reviens au logis.

Tofan, au désespoir de se voir la dupe de sa femme, commence à crier et à lui dire des injures. Les voisins, entendant ce tintamarre, se mettent aux fenêtres, et demandent la raison d'un si grand bruit. « C'est ce malheureux , répond la belle en pleurant, qui revient ivre toutes les nuits. Il y a longtemps que je souffre ses débauches, et j'ai voulu le laisser dehors une fois, pour lui faire honte, et pour l'obliger à mieux vivre à l'avenir. »

Tofan, de son côté, contait comment la chose s'était passée, et menaçait la perfide avec emportement. « Admirez son effronterie! disait-elle aux voisins : tout le monde voit qu'il est dehors, et il a l'impudence de nier ce que je dis ! Vous pouvez par là juger de sa sagesse et de sa bonne foi. Il a fait ce dont il m'accuse; c'est lui qui a jeté une grosse pierre dans le puits, croyant m'épouvanter. Plût à Dieu qu'il s'y fût jeté tout de bon, car ce vin qu'il a bu se fût bien trempé! »

Les voisins, voyant toutes les apparences contre Tofan, commencèrent à le blâmer et à lui dire des injures. Le bruit fut si grand qu'il parvint jusqu'aux parents de la belle ; ils accoururent, se saisirent du malheureux époux, et le rossèrent si bien qu'ils pensèrent l'assommer.

ÉMILE DE LA BÉDOLLIÈRE.

GEORGE DANDIN.

PERSONNAGES.

GEORGE DANDIN, riche paysan, mari d'Angélique.
ANGÉLIQUE, femme de George Dandin et fille de M. de Sotenville.
M. DE SOTENVILLE, gentilhomme campagnard, père d'Angélique.
MADAME DE SOTENVILLE.
CLITANDRE, amant d'Angélique.
CLAUDINE, suivante d'Angélique.
LUBIN, paysan servant Clitandre.
COLIN, valet de George Dandin.

La scène est devant la maison de George Dandin, à la campagne.

ACTE PREMIER.
SCÈNE I.
GEORGE DANDIN.

Ah ! qu'une femme demoiselle est une étrange affaire! et que mon mariage est une leçon bien parlante à tous les paysans qui veulent s'élever au-dessus de leur condition, et s'allier, comme j'ai fait, à la maison d'un gentilhomme! La noblesse de soi est bonne, c'est une chose considérable assurément; mais elle est accompagnée de tant de mauvaises circonstances, qu'il est très-bon de ne s'y point frotter. Je suis devenu là-dessus savant à mes dépens, et connais le style des nobles lorsqu'ils nous font, nous autres, entrer dans leur famille. L'alliance qu'ils font est petite avec nos personnes, c'est notre bien seul qu'ils épousent; et j'aurais bien mieux fait, tout riche que je suis, de m'allier en bonne et franche paysannerie que de prendre une femme qui se tient au-dessus de moi, s'offense de porter mon nom, et pense qu'avec tout mon bien je n'ai pas assez acheté la qualité de son mari. George Dandin! George Dandin! vous avez fait une sottise la plus grande du monde. Ma maison m'est effroyable maintenant, et je n'y rentre point sans y trouver quelque chagrin.

SCÈNE II.
GEORGE DANDIN, LUBIN.

GEORGE DANDIN *à part voyant sortir Lubin de chez lui*. — Que diantre ce drôle-là vient-il faire chez moi?

LUBIN *à part apercevant George Dandin*. — Voilà un homme qui me regarde.

GEORGE DANDIN *à part*. — Il ne me connaît pas.

LUBIN *à part*. — Il se doute de quelque chose.

GEORGE DANDIN *à part*. — Ouais! il a grand' peine à saluer.

LUBIN *à part*. — J'ai peur qu'il n'aille dire qu'il m'a vu sortir de là-dedans.

GEORGE DANDIN. — Bonjour.

LUBIN. — Serviteur.

George Dandin. — Vous n'êtes pas d'ici, que je crois?
Lubin. — Non; je n'y suis venu que pour voir la fête de demain.
George Dandin. — Hé! dites-moi un peu, s'il vous plaît, vous venez de là-dedans?
Lubin. — Chut!
George Dandin. — Comment?
Lubin. — Paix!
George Dandin. — Quoi donc?
Lubin. — Motus! il ne faut pas dire que vous m'avez vu sortir de là.
George Dandin. — Pourquoi?
Lubin. — Mon Dieu! parce.
George Dandin. — Mais encore?
Lubin. — Doucement, j'ai peur qu'on ne nous écoute.
George Dandin. — Point, point.
Lubin. — C'est que je viens de parler à la maîtresse du logis de la part d'un certain monsieur qui lui fait les doux yeux ; et ne faut pas qu'on sache cela, entendez-vous?
George Dandin. — Oui.
Lubin. — Voilà la raison. On m'a enchargé de prendre garde que personne ne me vît, et je vous prie au moins de ne pas dire que vous m'ayez vu.
George Dandin. — Je n'ai garde.
Lubin. — Je suis bien aise de faire les choses secrètement comme on m'a recommandé.
George Dandin. — C'est bien fait.
Lubin. — Le mari, à ce qu'ils disent, est un jaloux qui ne veut pas qu'on fasse l'amour à sa femme, et il ferait le diable à quatre si cela venait à ses oreilles. Vous comprenez bien?
George Dandin. — Fort bien.
Lubin. — Il ne faut pas qu'il sache rien de tout ceci.
George Dandin. — Sans doute.
Lubin. — On le veut tromper tout doucement. Vous entendez bien?
George Dandin. — Le mieux du monde.
Lubin. — Si vous alliez dire que vous m'avez vu sortir de chez lui, vous gâteriez toute l'affaire. Vous comprenez bien?
George Dandin. — Assurément. Hé! comment nommez-vous celui qui vous a envoyé là-dedans?
Lubin. — C'est le seigneur de notre pays, monsieur le vicomte de chose... Foin! je ne me souviens jamais comment diantre ils baragouinent ce nom-là : monsieur Cli... Clitandre.
George Dandin. — Est-ce ce jeune courtisan qui demeure...?
Lubin. — Oui, auprès de ces arbres.
George Dandin *à part*. — C'est pour cela que depuis peu ce damoiseau poli s'est venu loger contre moi ; j'avais bon nez, sans doute, et son voisinage déjà m'avait donné quelque soupçon.
Lubin. — Tétigué! c'est le plus honnête homme que vous ayez jamais vu. Il m'a donné trois pièces d'or pour aller dire seulement à la femme qu'il est amoureux d'elle et qu'il souhaite fort l'honneur de pouvoir lui parler. Voyez s'il y a une grande fatigue pour me payer si bien ; et ce qu'est, au prix de cela, une journée de travail, où je ne gagne que dix sous.
George Dandin. — Hé bien! avez-vous fait votre message?
Lubin. — Oui ; j'ai trouvé là-dedans une certaine Claudine qui, tout du premier coup, a compris ce que je voulais et qui m'a fait parler à sa maîtresse.
George Dandin *à part*. — Ah! coquine de servante!
Lubin. — Morguienne! cette Claudine-là est tout à fait jolie; elle a gagné mon amitié, et il ne tiendra qu'à elle que nous soyons mariés ensemble.
George Dandin. — Mais quelle réponse a faite la maîtresse à ce monsieur le courtisan?
Lubin. — Elle m'a dit de lui dire... Attendez, je ne sais si je me souviendrai bien de tout cela : qu'elle lui est tout à fait obligée de l'affection qu'il a pour elle ; et qu'à cause de son mari, qui est fantasque, il garde d'en rien faire paraître, et qu'il faudra songer à chercher quelque invention pour se pouvoir entretenir tous deux.
George Dandin *à part*. — Ah! pendarde de femme!
Lubin. — Têtiguienne! cela sera drôle, car le mari ne se doutera point de la manigance, voilà ce qui est de bon ; et il aura un pied de nez avec sa jalousie, est-ce pas?
George Dandin. — Cela est vrai.
Lubin. — Adieu. Bouche cousue au moins. Gardez bien le secret, afin que le mari ne le sache pas.
George Dandin. — Oui, oui.
Lubin. — Pour moi, je vais faire semblant de rien. Je suis un fin matois, et l'on ne dirait pas que j'y touche.

SCÈNE III.
GEORGE DANDIN *seul*.

Hé bien! George Dandin, vous voyez de quel air votre femme vous traite ! Voilà ce que c'est d'avoir voulu épouser une demoiselle ! L'on vous accommode de toutes pièces sans que vous puissiez vous venger, et la gentilhommerie vous tient les bras liés. L'égalité de condition laisse du moins à l'honneur d'un mari la liberté du ressentiment ; et si c'était une paysanne, vous auriez maintenant toutes vos coudées franches à vous en faire la justice à bons coups de bâton. Mais vous avez voulu tâter de la noblesse, et il vous ennuyait d'être maître chez vous. Ah! j'enrage de tout mon cœur et je me donnerais volontiers des soufflets. Quoi! écouter impudemment l'amour d'un damoiseau et y promettre en même temps de la correspondance! Morbleu! je ne veux point laisser passer une occasion de la sorte. Il me faut de ce pas aller faire mes plaintes au père et à la mère, et les rendre témoins, à telle fin que de raison, des sujets de chagrin et de ressentiment que leur fille me donne. Mais les voici l'un et l'autre fort à propos.

SCÈNE IV.
M. DE SOTENVILLE, MADAME DE SOTENVILLE, GEORGE DANDIN.

M. de Sotenville. — Qu'est-ce, mon gendre? vous me paraissez tout troublé.
George Dandin. — Aussi en ai-je du sujet, et...
Mme de Sotenville. — Mon Dieu! notre gendre, que vous avez peu de civilité de ne pas saluer les gens quand vous les approchez!
George Dandin. — Ma foi, ma belle-mère, c'est que j'ai d'autres choses en tête, et...
Mme de Sotenville. — Encore ! Est-il possible, notre gendre, que vous sachiez si peu votre monde, et qu'il n'y ait pas moyen de vous instruire de la manière qu'il faut vivre parmi les personnes de qualité?
George Dandin. — Comment?
Mme de Sotenville. — Ne vous déferez-vous jamais avec moi de la familiarité de ce mot de ma belle-mère! et ne sauriez-vous vous accoutumer à me dire madame?
George Dandin. — Parbleu! si vous m'appelez votre gendre, il me semble que je puis vous appeler ma belle-mère.
Mme de Sotenville. — Il y a fort à dire, et les choses ne sont pas égales. Apprenez, s'il vous plaît, que ce n'est pas à vous à vous servir de ce mot-là avec une personne de ma condition ; que, tout notre gendre que vous soyez, il y a grande différence de vous à nous et que vous devez vous connaître.
M. de Sotenville. — C'en est assez, m'amour ; laissons cela.
Mme de Sotenville. — Mon Dieu! monsieur de Sotenville, vous avez des indulgences qui n'appartiennent qu'à vous, et vous ne savez pas vous faire rendre par les gens ce qui vous est dû.
M. de Sotenville. — Corbleu! pardonnez-moi, on ne peut point me faire de leçons là-dessus ; et j'ai su montrer en ma vie, par vingt actions de vigueur, que je ne suis point homme à démordre jamais d'un pouce de mes prétentions : mais il suffit de lui avoir donné un petit avertissement... Sachons un peu, mon gendre, ce que vous avez dans l'esprit.
George Dandin. — Puisqu'il faut donc parler catégoriquement, je vous dirai, monsieur de Sotenville, que j'ai lieu de...
M. de Sotenville. — Doucement, mon gendre ; apprenez qu'il n'est pas respectueux d'appeler les gens par leur nom, et qu'à ceux qui sont au-dessus de nous il faut dire monsieur tout court.
George Dandin. — Hé bien! monsieur tout court, et non plus monsieur de Sotenville, j'ai à vous dire que ma femme me donne...
M. de Sotenville. — Tout beau! apprenez aussi que vous ne devez pas dire ma femme quand vous parlez de notre fille.
George Dandin. — J'enrage! Comment! ma femme n'est pas ma femme?
Mme de Sotenville. — Oui, notre gendre, elle est votre femme ; mais il ne vous est pas permis de l'appeler ainsi, et c'est tout ce que vous pourriez faire si vous aviez épousé une de vos pareilles.
George Dandin *à part*. — Ah! George Dandin, où t'es-tu fourré! (*Haut*.) Hé! de grâce, mettez pour un moment votre gentilhommerie à côté, et souffrez que je vous parle maintenant comme je pourrai. (*A part*.) Au diantre soit la tyrannie de toutes ces histoires-là! (*A M. de Sotenville*.) Je vous dis donc que je suis mal satisfait de mon mariage.
M. de Sotenville. — Et la raison, mon gendre?
Mme de Sotenville. — Quoi! parler ainsi d'une chose dont vous avez tiré de si grands avantages?
George Dandin. — Et quels avantages, madame? puisque madame y a. L'aventure n'a pas été mauvaise pour vous ; car sans moi vos affaires, avec votre permission, étaient fort délabrées, et mon argent a servi à reboucher d'assez bons trous : mais, moi, de quoi ai-je profité, je vous prie, que d'un allongement de nom, et, au lieu de George Dandin, d'avoir reçu par vous le titre de M. de la Dandinière?
M. de Sotenville. — Ne comptez-vous pour rien, mon gendre, l'avantage d'être allié à la maison de Sotenville?
Mme de Sotenville. — Et à celle de la Prudoterie, dont j'ai l'honneur d'être issue ; maison où le ventre anoblit, et qui par ce beau privilège rendra vos enfants gentilshommes?
George Dandin. — Oui, voilà qui est bien, mes enfans seront gentilshommes, mais je serai cocu, moi, si l'on n'y met ordre.
M. de Sotenville. — Que veut dire cela, mon gendre?
George Dandin. — Cela veut dire que votre fille ne vit pas comme il faut qu'une femme vive, et qu'elle fait des choses qui sont contre l'honneur.
Mme de Sotenville. — Tout beau! prenez garde à ce que vous dites. Ma fille est d'une race trop pleine de vertu pour se porter jamais à

faire aucune chose dont l'honnêteté soit blessée, et, de la maison de la Prudoterie, il y a plus de trois cents ans qu'on n'a point remarqué qu'il y ait eu une femme, Dieu merci, qui ait fait parler d'elle.

M. DE SOTENVILLE. — Corbleu! dans la maison de Sotenville on n'a jamais vu de coquette; et la bravoure n'y est pas plus héréditaire aux mâles que la chasteté aux femelles.

Mme DE SOTENVILLE. — Nous avons eu une Jacqueline de la Prudoterie qui ne voulut jamais être la maîtresse d'un duc et pair gouverneur de notre province.

M. DE SOTENVILLE. — Il y a eu une Mathurine de Sotenville qui refusa vingt mille écus d'un favori du roi, qui ne demandait seulement que la faveur de lui parler.

GEORGE DANDIN. — Oh bien! votre fille n'est pas si difficile que cela, et elle s'est apprivoisée depuis qu'elle est chez moi.

M. DE SOTENVILLE. — Expliquez-vous, mon gendre. Nous ne sommes point gens à la supporter dans de mauvaises actions; et nous serons les premiers, sa mère et moi, à vous en faire la justice.

Mme DE SOTENVILLE. — Nous n'entendons point raillerie sur les matières de l'honneur, et nous l'avons élevée dans toute la sévérité possible.

GEORGE DANDIN. — Tout ce que je vous puis dire, c'est qu'il y a ici un certain courtisan que vous avez vu, qui est amoureux d'elle à ma barbe, et qui lui a fait faire des protestations d'amour qu'elle a très-humainement écoutées.

Mme DE SOTENVILLE. — Jour de Dieu! je l'étranglerais de mes propres mains, s'il fallait qu'elle forlignât de l'honnêteté de sa mère.

M. DE SOTENVILLE. — Corbleu! je lui passserais mon épée au travers du corps, à elle et au galant, si elle avait forfait à son honneur.

GEORGE DANDIN. — Je vous ai dit ce qui se passe pour vous faire mes plaintes: et je vous demande raison de cette affaire-là.

M. DE SOTENVILLE. — Ne vous tourmentez point, je vous la ferai de tous deux; et je suis homme pour serrer le bouton à qui que ce puisse être. Mais êtes-vous bien sûr aussi de ce que vous nous dites?

GEORGE DANDIN. — Très-sûr.

M. DE SOTENVILLE. — Prenez bien garde, au moins; car, entre gentilshommes, ce sont des choses chatouilleuses, et il n'est pas question d'aller faire ici un pas de clerc.

GEORGE DANDIN. — Je ne vous ai rien dit, vous dis-je, qui ne soit véritable.

M. DE SOTENVILLE. — M'amour, allez-vous-en parler à votre fille; tandis qu'avec mon gendre j'irai parler à l'homme.

Mme DE SOTENVILLE. — Se pourrait-il, mon fils, qu'elle s'oubliât de la sorte, après le sage exemple que vous savez vous-même que je lui ai donné!

M. DE SOTENVILLE. — Nous allons éclaircir l'affaire. Suivez-moi, mon gendre, et ne vous mettez pas en peine. Vous verrez de quel bois nous nous chauffons lorsqu'on s'attaque à ceux qui nous peuvent appartenir.

GEORGE DANDIN. — Le voici qui vient vers nous.

SCÈNE V.

M. DE SOTENVILLE, CLITANDRE, GEORGE DANDIN.

M. DE SOTENVILLE. — Monsieur, suis-je connu de vous?

CLITANDRE. — Non pas que je sache, monsieur.

M. DE SOTENVILLE. — Je m'appelle le baron de Sotenville.

CLITANDRE. — Je m'en réjouis fort.

M. DE SOTENVILLE. — Mon nom est connu à la cour; et j'eus l'honneur, dans ma jeunesse, de me signaler des premiers à l'arrière-ban de Nancy.

CLITANDRE. — A la bonne heure.

M. DE SOTENVILLE. — Monsieur mon père, Jean-Gilles de Sotenville, eut la gloire d'assister en personne au grand siége de Montauban.

CLITANDRE. — J'en suis ravi.

M. DE SOTENVILLE. — Et j'ai eu un aïeul, Bertrand de Sotenville, qui fut si considéré en son temps, que d'avoir permission de vendre tout son bien pour le voyage d'outre-mer.

CLITANDRE. — Je le veux croire.

M. DE SOTENVILLE. — Il m'a été rapporté, monsieur, que vous aimez et poursuivez une jeune personne, qui est ma fille, pour laquelle je m'intéresse (montrant George Dandin) et pour l'homme que vous voyez, qui a l'honneur d'être mon gendre.

CLITANDRE. — Qui? moi?

M. DE SOTENVILLE. — Oui; et je suis bien aise de vous parler, pour tirer de vous, s'il vous plaît, un éclaircissement de cette affaire.

CLITANDRE. — Voilà une étrange médisance! Qui vous a dit cela, monsieur?

M. DE SOTENVILLE. — Quelqu'un qui croit le bien savoir.

CLITANDRE. — Ce quelqu'un-là a menti. Je suis honnête homme. Me croyez-vous capable, monsieur, d'une action aussi lâche que celle-là? Moi, aimer une jeune et belle personne qui a l'honneur d'être la fille de monsieur le baron de Sotenville! Je vous révère trop pour cela, et je suis trop votre serviteur. Quiconque vous l'a dit est un sot.

M. DE SOTENVILLE. — Allons, mon gendre.

GEORGE DANDIN. — Quoi?

CLITANDRE. — C'est un coquin et un maraud.

M. DE SOTENVILLE à George Dandin. — Répondez.

GEORGE DANDIN. — Répondez vous-même.

CLITANDRE. — Si je savais qui ce peut être, je lui donnerais, en votre présence, de l'épée dans le ventre.

M. DE SOTENVILLE à George Dandin. — Soutenez donc la chose.

GEORGE DANDIN. — Elle est toute soutenue. Cela est vrai.

CLITANDRE. — Est-ce votre gendre, monsieur, qui...?

M. DE SOTENVILLE. — Oui, c'est lui-même qui s'en est plaint à moi.

CLITANDRE. — Certes, il peut remercier l'avantage qu'il a de vous appartenir; et sans cela je lui apprendrais bien à tenir de pareils discours d'une personne comme moi.

SCÈNE VI.

M. DE SOTENVILLE, MADAME DE SOTENVILLE, ANGÉLIQUE, CLITANDRE, GEORGE DANDIN, CLAUDINE.

Mme DE SOTENVILLE. — Pour ce qui est de cela, la jalousie est une étrange chose! J'amène ici ma fille pour éclaircir l'affaire en présence de tout le monde.

CLITANDRE à Angélique. — Est-ce donc vous, madame, qui avez dit à votre mari que je suis amoureux de vous?

ANGÉLIQUE. — Moi? Hé! comment lui aurais-je dit? Est-ce que cela est? Je voudrais bien le voir, vraiment, que vous fussiez amoureux de moi. Jouez-vous-y, je vous en prie; vous trouverez à qui parler: c'est une chose que je vous conseille de faire. Ayez recours, pour voir, à tous les détours des amants : essayez un peu, par plaisir, à m'envoyer des ambassades, à m'écrire secrètement de petits billets doux, à épier les moments que mon mari n'y sera pas, ou le temps que je sortirai, pour me parler de votre amour; vous n'avez qu'à y venir, je vous promets que vous serez reçu comme il faut.

CLITANDRE. — Hé! la, la, madame, tout doucement. Il n'est pas nécessaire de me faire tant de leçons et de vous tant scandaliser. Qui vous dit que je songe à vous aimer?

ANGÉLIQUE. — Que sais-je, moi, ce qu'on me vient conter ici?

CLITANDRE. — On dira ce que l'on voudra; mais vous savez si je vous ai parlé d'amour lorsque je vous ai rencontrée.

ANGÉLIQUE. — Vous n'aviez qu'à le faire, vous auriez été bien venu.

CLITANDRE. — Je vous assure qu'avec moi vous n'avez rien à craindre; que je ne suis point homme à donner du chagrin aux belles, et que je vous respecte trop, et vous et messieurs vos parents, pour avoir la pensée d'être amoureux de vous.

Mme DE SOTENVILLE à George Dandin. — Hé bien, vous le voyez!

M. DE SOTENVILLE. — Vous voilà satisfait, mon gendre. Que dites-vous à cela?

GEORGE DANDIN. — Je dis que ce sont là des contes à dormir debout; que je sais bien ce que je sais, et que tantôt, puisqu'il faut parler net, elle a reçu une ambassade de sa part.

ANGÉLIQUE. — Moi, j'ai reçu une ambassade?

CLITANDRE. — J'ai envoyé une ambassade?

ANGÉLIQUE. — Claudine?

CLITANDRE à Claudine. — Est-il vrai?

CLAUDINE. — Par ma foi, voilà une étrange fausseté!

GEORGE DANDIN. — Taisez-vous, carogne que vous êtes. Je sais de vos nouvelles, et c'est vous qui tantôt avez introduit le courrier.

CLAUDINE. — Qui? moi?

GEORGE DANDIN. — Oui, vous. Ne faites point tant la sucrée.

CLAUDINE. — Hélas! que le monde aujourd'hui est rempli de méchanceté, de m'aller soupçonner ainsi, moi qui suis l'innocence même!

GEORGE DANDIN. — Taisez-vous, bonne pièce. Vous faites la sournoise, mais je vous connais il y a longtemps; et vous êtes une dessalée.

CLAUDINE à Angélique. — Madame, est-ce que...?

GEORGE DANDIN. — Taisez-vous, vous dis-je; vous pourriez bien porter la folle enchère de tous les autres, et vous n'avez point de père gentilhomme.

ANGÉLIQUE. — C'est une imposture si grande, et qui me touche si fort au cœur, que je ne puis pas même avoir la force d'y répondre. Cela est bien horrible d'être accusée par un mari, lorsqu'on ne lui fait rien qui ne soit à faire! Hélas! si je suis blâmable de quelque chose, c'est d'en user trop bien avec lui.

CLAUDINE. — Assurément.

ANGÉLIQUE. — Tout mon malheur est de le trop considérer, et plût au ciel que je fusse capable de souffrir, comme il dit, les galanteries de quelqu'un! Je ne serais point tant à plaindre. Adieu, je me retire; je ne puis plus endurer qu'on m'outrage de cette sorte.

SCÈNE VII.

M. DE SOTENVILLE, MADAME DE SOTENVILLE, CLITANDRE, GEORGE DANDIN, CLAUDINE.

Mme DE SOTENVILLE à George Dandin. — Allez, vous ne méritez pas l'honnête femme qu'on vous a donnée.

CLAUDINE. — Par ma foi, il mériterait qu'elle lui fit dire vrai : et, si j'étais en sa place, je n'y marchanderais pas. (A Clitandre.) Oui, monsieur, vous devez, pour le punir, faire l'amour à ma maîtresse. Poussez, c'est moi qui vous le dis, ce sera fort bien employé; et je m'offre à vous y servir, puisqu'il m'en a déjà taxée.

(Claudine sort.)

M. DE SOTENVILLE. — Vous méritez, mon gendre, qu'on vous dise ces choses-là, et votre procédé met tout le monde contre vous.

Mme DE SOTENVILLE. — Allez, songez à mieux traiter une demoiselle bien née; et prenez garde désormais à ne plus faire de pareilles bévues.

GEORGE DANDIN *à part.* — J'enrage de bon cœur d'avoir tort lorsque j'ai raison.

SCÈNE VIII.
M. DE SOTENVILLE, CLITANDRE, GEORGE DANDIN.

CLITANDRE *à M. de Sotenville.* — Monsieur, vous voyez comme j'ai été faussement accusé : vous êtes homme qui savez les maximes du point d'honneur; et je vous demande raison de l'affront qui m'a été fait.

M. DE SOTENVILLE. — Cela est juste, et c'est l'ordre des procédés. Allons, mon gendre, faites satisfaction à monsieur.

GEORGE DANDIN. — Comment! satisfaction?

M. DE SOTENVILLE. — Oui, cela se doit dans les règles, pour l'avoir à tort accusé.

GEORGE DANDIN. — C'est une chose, moi, dont je ne demeure pas d'accord, de l'avoir à tort accusé; et je sais bien ce que j'en pense.

M. DE SOTENVILLE. — Il n'importe. Quelque pensée qui vous puisse rester, il a nié, c'est satisfaire les personnes, et l'on n'a nul droit de se plaindre de tout homme qui se dédit.

GEORGE DANDIN. — Si bien donc que, si je le trouvais couché avec ma femme, il en serait quitte pour se dédire?

M. DE SOTENVILLE. — Point de raisonnement. Faites-lui les excuses que je vous dis.

GEORGE DANDIN. — Moi! je lui ferai encore des excuses après...!

M. DE SOTENVILLE. — Allons, vous dis-je, il n'y a rien à balancer; et vous n'avez que faire d'avoir peur d'en trop faire, puisque c'est moi qui vous conduis.

GEORGE DANDIN. — Je ne saurais...

M. DE SOTENVILLE. — Corbleu! mon gendre, ne m'échauffez pas la bile. Je me mettrais avec lui contre vous. Allons, laissez-vous gouverner par moi.

GEORGE DANDIN *à part.* — Ah! George Dandin!

M. DE SOTENVILLE. — Votre bonnet à la main le premier; monsieur est gentilhomme, et vous ne l'êtes pas.

GEORGE DANDIN *à part le bonnet à la main.* — J'enrage!

M. DE SOTENVILLE. — Répétez après moi... Monsieur...

GEORGE DANDIN. — Monsieur...

M. DE SOTENVILLE. — Je vous demande pardon... *(Voyant que George Dandin fait difficulté de lui obéir.)* Ah!

GEORGE DANDIN. — Je vous demande pardon...

M. DE SOTENVILLE. — Des mauvaises pensées que j'ai eues de vous.

GEORGE DANDIN. — Des mauvaises pensées que j'ai eues de vous.

M. DE SOTENVILLE. — C'est que je n'avais pas l'honneur de vous connaître.

GEORGE DANDIN. — C'est que je n'avais pas l'honneur de vous connaître.

M. DE SOTENVILLE. — Et je vous prie de croire...

GEORGE DANDIN. — Et je vous prie de croire...

M. DE SOTENVILLE. — Que je suis votre serviteur.

GEORGE DANDIN. — Voulez-vous que je sois serviteur d'un homme qui me veut faire cocu?

M. DE SOTENVILLE *le menaçant encore.* — Ah!

CLITANDRE. — Il suffit, monsieur.

M. DE SOTENVILLE. — Non; je veux qu'il achève, et que tout aille dans les formes... Que je suis votre serviteur.

GEORGE DANDIN. — Que je suis votre serviteur.

CLITANDRE *à George Dandin.* — Monsieur, je suis le vôtre de tout mon cœur; et je ne songe plus à ce qui s'est passé. *(A M. de Sotenville.)* Pour vous, monsieur, je vous donne le bonjour, et suis fâché du petit chagrin que vous avez eu.

M. DE SOTENVILLE. — Je vous baise les mains; et, quand il vous plaira, je vous donnerai le divertissement de courre un lièvre.

CLITANDRE. — C'est trop de grâce que vous me faites.
(Clitandre sort.)

M. DE SOTENVILLE. — Voilà, mon gendre, comme il faut pousser les choses. Adieu. Sachez que vous êtes entré dans une famille qui vous donnera de l'appui et ne souffrira point que l'on vous fasse aucun affront.

SCÈNE IX.
GEORGE DANDIN seul.

Ah! que je... Vous l'avez voulu, vous l'avez voulu, George Dandin, vous l'avez voulu; cela vous sied fort bien, et vous voilà ajusté comme il faut : vous avez justement ce que vous méritez. Allons, il s'agit seulement de désabuser le père et la mère; et je pourrai trouver peut-être quelque moyen d'y réussir.

ACTE DEUXIÈME.

SCÈNE I.
CLAUDINE, LUBIN.

CLAUDINE. — Oui, j'ai bien deviné qu'il fallait que cela vînt de toi, et que tu l'eusses dit à quelqu'un qui l'ait rapporté à notre maître.

LUBIN. — Par ma foi, je n'en ai touché qu'un petit mot en passant à un homme, afin qu'il ne dît point qu'il m'avait vu sortir, et il faut que les gens, en ce pays-ci, soient de grands babillards.

CLAUDINE. — Vraiment ce monsieur le vicomte a bien choisi son monde, que de te prendre pour son ambassadeur : et il s'est allé servir là d'un homme bien chanceux.

LUBIN. — Va, une autre fois je serai plus fin, et je prendrai mieux garde à moi.

CLAUDINE. — Oui, oui, il sera temps.

LUBIN. — Ne parlons plus de cela. Écoute.

CLAUDINE. — Que veux-tu que j'écoute?

LUBIN. — Tourne un peu ton visage devers moi.

CLAUDINE. — Hé bien! qu'est-ce?

LUBIN. — Claudine.

CLAUDINE. — Quoi?

LUBIN. — Hé! là, ne sais-tu pas bien ce que je veux dire?

CLAUDINE. — Non.

LUBIN. — Morguè! je t'aime.

CLAUDINE. — Tout de bon?

LUBIN. — Oui, le diable m'emporte! tu me peux croire, puisque j'en jure.

CLAUDINE. — A la bonne heure.

LUBIN. — Je me sens tout tribouiller le cœur quand je te regarde.

CLAUDINE. — Je m'en réjouis.

LUBIN. — Comment est-ce que tu fais pour être si jolie?

CLAUDINE. — Je fais comme font les autres.

LUBIN. — Vois-tu, il ne faut point tant de beurre pour faire un quarteron : si tu veux tu seras ma femme, je serai ton mari; et nous serons tous deux mari et femme.

CLAUDINE. — Tu serais peut-être jaloux comme notre maître.

LUBIN. — Point.

CLAUDINE. — Pour moi, je hais les maris soupçonneux; et j'en veux un qui ne s'épouvante de rien, un si plein de confiance, et si sûr de ma chasteté, qu'il me vît sans inquiétude au milieu de trente hommes.

LUBIN. — Hé bien! je serai tout comme cela.

CLAUDINE. — C'est la plus sotte chose du monde que de se défier d'une femme et de la tourmenter. La vérité de l'affaire est qu'on n'y gagne rien de bon : cela nous fait songer à mal; et ce sont souvent les maris qui, avec leurs vacarmes, se font eux-mêmes ce qu'ils sont.

LUBIN. — Hé bien! je te donnerai la liberté de faire tout ce qu'il te plaira.

CLAUDINE. — Voilà comme il faut faire pour n'être point trompé. Lorsqu'un mari se met à notre discrétion, nous ne prenons au delà que ce qu'il nous en faut; et il en est comme avec ceux qui nous ouvrent leur bourse, et nous disent : Prenez; nous en usons honnêtement, et nous nous contentons de la raison. Mais ceux nous chicanent, nous nous efforçons de les tondre, et nous ne les épargnons point.

LUBIN. — Va, je serai de ceux qui ouvrent leur bourse, et tu n'as qu'à te marier avec moi.

CLAUDINE. — Hé bien, bien, nous verrons.

LUBIN. — Viens donc ici, Claudine.

CLAUDINE. — Que veux-tu?

LUBIN. — Viens, te dis-je.

CLAUDINE. — Ah! doucement. Je n'aime pas les patineurs.

LUBIN. — Hé! un petit brin d'amitié.

CLAUDINE. — Laisse-moi là, te dis-je; je n'entends pas raillerie.

LUBIN. — Claudine.

CLAUDINE *repoussant Lubin.* — Hai!

LUBIN. — Ah! que tu es rude à pauvres gens! Fi! que cela est malhonnête de refuser les personnes! N'as-tu point de honte d'être belle et de ne vouloir pas qu'on te caresse? Hé! là!

CLAUDINE. — Je te donnerai sur le nez.

LUBIN. — Oh! la farouche! la sauvage! Fi! pouah! la vilaine, qu'est cruelle!

CLAUDINE. — Tu t'émancipes trop.

LUBIN. — Qu'est-ce que cela te coûterait de me laisser un peu faire.

CLAUDINE. — Il faut que tu te donnes patience.

LUBIN. — Un petit baiser seulement, en rabattant sur notre mariage.

CLAUDINE. — Je suis votre servante.

LUBIN. — Claudine, je t'en prie, sur l'et tant moins.

CLAUDINE. — Hé! que nenni. J'y ai déjà été attrapée. Adieu. Va t'en, et dis à monsieur le vicomte que j'aurai soin de lui rendre son billet.

LUBIN. — Adieu, beauté rude-ânière.

CLAUDINE. — Le mot est amoureux.

LUBIN. — Adieu, rocher, caillou, pierre de taille, et tout ce qu'il y a de plus dur au monde.

CLAUDINE seule. — Je vais remettre aux mains de ma maîtresse..... Mais la voici avec son mari : éloignons-nous, et attendons qu'elle soit seule.

SCÈNE II.
GEORGE DANDIN, ANGÉLIQUE.

GEORGE DANDIN. — Non, non, on ne m'abuse pas avec tant de facilité, et je ne suis que trop certain que le rapport que l'on m'a fait est véritable. J'ai de meilleurs yeux qu'on ne pense, et votre galimatias ne m'a point tantôt ébloui.

SCÈNE III.
CLITANDRE, ANGÉLIQUE, GEORGE DANDIN.

CLITANDRE *à part dans le fond du théâtre*. — Ah! la voilà; mais le mari est avec elle.

GEORGE DANDIN *sans voir Clitandre*. — Au travers de toutes vos grimaces, j'ai vu la vérité de ce que l'on m'a dit, et le peu de respect que vous avez pour le nœud qui nous joint.

(*Clitandre et Angélique se saluent.*)

Mon Dieu! laissez là votre révérence; ce n'est pas de ces sortes de respects dont je vous parle, et vous n'avez que faire de vous moquer.

ANGÉLIQUE. — Moi, me moquer! en aucune façon.

GEORGE DANDIN. — Je sais votre pensée, et connais... (*Clitandre et Angélique se saluent encore.*) Encore! Ah! ne raillons point davantage. Je n'ignore pas qu'à cause de votre noblesse vous me tenez fort au-dessous de vous : et le respect que je veux dire ne regarde point ma personne ; j'entends parler de celui que vous devez à des nœuds aussi vénérables que le sont ceux du mariage. (*Angélique fait signe à Clitandre.*) Il ne faut point lever les épaules, et je ne dis point de sottises.

ANGÉLIQUE. — Qui songe à lever les épaules?

GEORGE DANDIN. — Mon Dieu! nous voyons clair. Je vous dis encore une fois que le mariage est une chaîne à laquelle on doit porter toutes sortes de respects, et que c'est fort mal fait à vous d'en user comme vous faites. (*Angélique fait signe de la tête à Clitandre.*) Oui, oui, mal fait à vous, et vous n'avez que faire de hocher la tête et de me faire la grimace.

ANGÉLIQUE. — Moi! je ne sais ce que vous voulez dire.

GEORGE DANDIN. — Je le sais fort bien, moi; et vos mépris me sont connus. Si je ne suis pas né noble, au moins suis-je d'une race où il n'y a point de reproche; et la famille des Dandins...

CLITANDRE *derrière Angélique sans être aperçu de George Dandin*. — Un moment d'entretien.

GEORGE DANDIN *sans voir Clitandre*. — Hé!

ANGÉLIQUE. — Quoi? je ne dis mot.

(*George Dandin tourne autour de sa femme, et Clitandre se retire en faisant une grande révérence à George Dandin.*)

SCÈNE IV.
GEORGE DANDIN, ANGÉLIQUE.

GEORGE DANDIN. — Le voilà qui vient rôder autour de vous.

ANGÉLIQUE. — Hé bien! est-ce ma faute? Que voulez-vous que j'y fasse?

GEORGE DANDIN. — Je veux que vous y fassiez ce que fait une femme qui ne veut plaire qu'à son mari. Quoi qu'on en puisse dire, les galants n'obsèdent jamais quand on le veut bien : il y a un certain air doucereux qui les attire, ainsi que le miel fait les mouches; et les honnêtes femmes ont des manières qui les savent chasser d'abord.

ANGÉLIQUE. — Moi, les chasser! et par quelle raison? Je ne me scandalise point qu'on me trouve bien faite; et cela me fait du plaisir.

GEORGE DANDIN. — Oui! Mais quel personnage voulez-vous que joue un mari pendant cette galanterie?

ANGÉLIQUE. — Le personnage d'un honnête homme, qui est bien aise de voir sa femme considérée.

GEORGE DANDIN. — Je suis votre valet. Ce n'est pas là mon compte, et les Dandins ne sont point accoutumés à cette mode-là.

ANGÉLIQUE. — Oh! les Dandins s'y accoutumeront s'ils veulent; car pour moi je vous déclare que mon dessein n'est pas de renoncer au monde et de m'enterrer toute vive dans un mari. Comment! parce qu'un homme s'avise de nous épouser, il faut d'abord que toutes choses soient finies pour nous, et que nous rompions tout commerce avec les vivants? C'est une chose merveilleuse que cette tyrannie de messieurs les maris; et je les trouve bons de vouloir qu'on soit morte à tous les divertissements, et qu'on ne vive que pour eux! Je me moque de cela, et ne veux point mourir si jeune.

GEORGE DANDIN. — C'est ainsi que vous satisfaites aux engagements de la foi que vous m'avez donnée publiquement?

ANGÉLIQUE. — Moi! je ne vous l'ai point donnée de bon cœur, et vous me l'avez arrachée. M'avez-vous avant le mariage demandé mon consentement, et si je voulais bien de vous? Vous n'avez consulté

pour cela que mon père et ma mère : ce sont eux proprement qui vous ont épousé; et c'est pourquoi vous ferez bien de vous plaindre toujours à eux des torts que l'on pourra vous faire. Pour moi, qui ne vous ai point dit de vous marier avec moi, et que vous avez prise sans consulter mes sentiments, je prétends n'être point obligée à me soumettre en esclave à vos volontés; et je veux jouir, s'il vous plaît, de quelque nombre de beaux jours que m'offre la jeunesse, prendre les douces libertés que l'âge me permet, voir un peu le beau monde, et goûter le plaisir de m'ouïr dire des douceurs. Préparez-vous-y pour votre punition, et rendez grâces au ciel de ce que je ne suis pas capable de quelque chose de pis.

GEORGE DANDIN. — Oui! c'est ainsi que vous le prenez! Je suis votre mari, et je vous dis que je n'entends pas cela.

ANGÉLIQUE. — Moi, je suis votre femme, et je vous dis que je l'entends.

GEORGE DANDIN *à part*. — Il me prend des tentations d'accommoder tout son visage à la compote, et le mettre en état de ne plaire de sa vie aux diseurs de fleurettes. Ah! allons, George Dandin; je ne pourrais me retenir, et il vaut mieux quitter la place.

SCÈNE V.
ANGÉLIQUE, CLAUDINE.

CLAUDINE. — J'avais, madame, impatience qu'il s'en allât, pour vous rendre ce mot de la part que vous savez.

ANGÉLIQUE. — Voyons.

CLAUDINE *à part*. — A ce que j'en puis remarquer, ce qu'on lui écrit ne lui déplaît pas trop.

ANGÉLIQUE. — Ah! Claudine, que ce billet s'explique d'une façon galante! Que dans tous leurs discours et dans toutes leurs actions les gens de cour ont un air agréable! et qu'est-ce que c'est auprès d'eux que nos gens de province?

CLAUDINE. — Je crois qu'après les avoir vus les Dandins ne vous plaisent guère.

ANGÉLIQUE. — Demeure ici, je m'en vais faire la réponse.

CLAUDINE *seule*. — Je n'ai pas besoin, que je pense, de lui recommander de la faire agréable. Mais voici...

SCÈNE VI.
CLITANDRE, LUBIN, CLAUDINE.

CLAUDINE. — Vraiment, monsieur, vous avez pris là un habile messager!

CLITANDRE. — Je n'ai pas osé envoyer de mes gens. Mais, ma pauvre Claudine, il faut que je te récompense des bons offices que je sais que tu m'as rendus.

(*Il fouille dans sa poche.*)

CLAUDINE. — Hé! monsieur, il n'est pas nécessaire. Non, monsieur, vous n'avez que faire de vous donner cette peine-là, et je vous rends service parce que vous le méritez; et je me sens au cœur de l'inclination pour vous.

CLITANDRE *donnant de l'argent à Claudine*. — Je te suis obligé.

LUBIN *à Claudine*. — Puisque nous serons mariés, donne-moi cela que je le mette avec le mien.

CLAUDINE. — Je te le garde aussi bien que le baiser.

CLITANDRE *à Claudine*. — Dis-moi, as-tu rendu mon billet à ta belle maîtresse?

CLAUDINE. — Oui; elle est allée y répondre.

CLITANDRE. — Mais, Claudine, n'y a-t-il pas moyen que je la puisse entretenir?

CLAUDINE. — Oui; venez avec moi, je vous ferai parler à elle.

CLITANDRE. — Mais le trouvera-t-elle bon? et n'y a-t-il rien à risquer?

CLAUDINE. — Non, non. Son mari n'est pas au logis : et puis, ce n'est pas lui qu'elle a le plus à ménager, c'est son père et sa mère; et pourvu qu'ils soient prévenus, tout le reste n'est point à craindre.

CLITANDRE. — Je m'abandonne à ta conduite.

LUBIN *seul*. — Testiguenne! que j'aurai là une habile femme! Elle a de l'esprit comme quatre.

SCÈNE VII.
GEORGE DANDIN, LUBIN.

GEORGE DANDIN *bas à part*. — Voici mon homme de tantôt. Plût au ciel qu'il pût se résoudre à vouloir rendre témoignage au père et à la mère de ce qu'ils ne veulent point croire!

LUBIN. — Ah! vous voilà, monsieur le babillard, à qui j'avais tant recommandé de ne point parler, et qui me l'aviez tant promis! Vous êtes donc un causeur, et vous allez redire ce que l'on vous dit en secret?

GEORGE DANDIN. — Moi?

LUBIN. — Oui; vous avez été tout rapporter au mari, et vous êtes cause qu'il a fait du vacarme. Je suis bien aise de savoir que vous avez de la langue, et cela m'apprendra à ne vous plus rien dire.

GEORGE DANDIN. — Ecoute, mon ami.

LUBIN. — Si vous n'aviez point babillé, je vous aurais conté ce qui

se passe à cette heure; mais, pour votre punition; vous ne saurez rien du tout.
GEORGE DANDIN. — Comment! qu'est-ce qui se passe?
LUBIN. — Rien, rien. Voilà ce que c'est d'avoir causé; vous n'en tâterez plus, et je vous laisse sur la bonne bouche.
GEORGE DANDIN. — Arrête un peu.
LUBIN. — Point.
GEORGE DANDIN. — Je ne te veux dire qu'un mot.
LUBIN. — Nennin, nennin. Vous avez l'envie de me tirer les vers du nez.
GEORGE DANDIN. — Non, ce n'est pas cela.
LUBIN. — Hé! quelque sot... Je vous vois venir.
GEORGE DANDIN. — C'est autre chose. Écoute.
LUBIN. — Point d'affaire. Vous voudriez que je vous dise que monsieur le vicomte vient de donner de l'argent à Claudine, et qu'elle l'a mené chez sa maîtresse. Mais je ne suis pas si bête.
GEORGE DANDIN. — De grâce!
LUBIN. — Non.
GEORGE DANDIN. — Je te donnerai...
LUBIN. — Tarare.

SCÈNE VIII.
GEORGE DANDIN seul.

Je n'ai pu me servir, avec cet innocent, de la pensée que j'avais. Mais le nouvel avis qui lui est échappé ferait la même chose; et, si le galant est chez moi, ce serait pour avoir raison aux yeux du père et de la mère, et les convaincre pleinement de l'effronterie de leur fille. Le mal de tout ceci, c'est que je ne sais comment faire pour profiter d'un tel avis. Si je rentre chez moi, je ferai évader le drôle; et, quelque chose que je puisse voir moi-même de mon déshonneur, je n'en serai point cru à mon serment, et l'on me dira que je rêve. Si, d'autre part, je vais querir beau-père et belle-mère sans être sûr de trouver chez moi le galant, ce sera la même chose; et je retomberai dans l'inconvénient de tantôt. Pourrais-je point m'éclaircir doucement s'il y est encore? (Après avoir été regarder par le trou de la serrure.) Ah ciel! il n'en faut plus douter, et je viens de l'apercevoir par le trou de la porte. Le sort me donne ici de quoi confondre ma partie; et, pour achever l'aventure, il fait venir à point nommé les juges dont j'avais besoin.

SCÈNE IX.
M. DE SOTENVILLE, MADAME DE SOTENVILLE, GEORGE DANDIN.

GEORGE DANDIN. — Enfin, vous ne m'avez pas voulu croire tantôt, et votre fille l'a emporté sur moi : mais j'ai en main de quoi vous faire voir comme elle m'accommode; et, Dieu merci, mon déshonneur est si clair maintenant, que vous n'en pourrez plus douter.
M. DE SOTENVILLE. — Comment! mon gendre, vous en êtes encore là-dessus?
GEORGE DANDIN. — Oui, j'y suis, et jamais je n'eus tant de sujet d'y être.
Mme DE SOTENVILLE. — Vous nous venez encore étourdir la tête?
GEORGE DANDIN. — Oui, madame; et l'on fait bien pis à la mienne.
M. DE SOTENVILLE. — Ne vous lassez-vous point de vous rendre importun?
GEORGE DANDIN. — Non; mais je me lasse fort d'être pris pour dupe.
Mme DE SOTENVILLE. — Ne voulez-vous point vous défaire de vos pensées extravagantes?
GEORGE DANDIN. — Non, madame; mais je voudrais bien me défaire d'une femme qui me déshonore.
Mme DE SOTENVILLE. — Jour de Dieu! notre gendre, apprenez à parler.
M. DE SOTENVILLE. — Corbleu! cherchez des termes moins offensants que ceux-là.
GEORGE DANDIN. — Marchand qui perd ne peut rire.
Mme DE SOTENVILLE. — Souvenez-vous que vous avez épousé une demoiselle.
GEORGE DANDIN. — Je m'en souviens assez, et ne m'en souviendrai que trop.
M. DE SOTENVILLE. — Si vous vous en souvenez, songez donc à parler d'elle avec plus de respect.
GEORGE DANDIN. — Mais que ne songe-t-elle plutôt à me traiter plus honnêtement? Quoi! parce qu'elle est demoiselle, il faut qu'elle ait la liberté de me faire ce qui lui plaît, sans que j'ose souffler?
M. DE SOTENVILLE. — Qu'avez-vous donc, et que pouvez-vous dire? N'avez-vous pas vu ce matin qu'elle s'est défendue de connaître celui dont vous m'étiez venu parler?
GEORGE DANDIN. — Oui; mais, vous, pourrez-vous dire si je vous fais voir maintenant que le galant est avec elle?
Mme DE SOTENVILLE. — Avec elle?
GEORGE DANDIN. — Oui, avec elle, et dans ma maison.
M. DE SOTENVILLE. — Dans votre maison?
GEORGE DANDIN. — Oui, dans ma propre maison.
Mme DE SOTENVILLE. — Si cela est, nous serons pour vous contre elle.

M. DE SOTENVILLE. — Oui, l'honneur de notre famille nous est plus cher que toute chose; et, si vous dites vrai, nous la renoncerons pour notre sang, et l'abandonnerons à votre colère.
GEORGE DANDIN. — Vous n'avez qu'à me suivre.
Mme DE SOTENVILLE. — Gardez de vous tromper.
M. DE SOTENVILLE. — N'allez pas faire comme tantôt.
GEORGE DANDIN. — Mon Dieu! vous allez voir. (Montrant Clitandre qui sort avec Angélique.) Tenez, ai-je menti?

SCÈNE X.
ANGÉLIQUE, CLITANDRE, CLAUDINE, M. DE SOTENVILLE ET MADAME DE SOTENVILLE, AVEC GEORGE DANDIN dans le fond du théâtre.

ANGÉLIQUE à Clitandre. — Adieu; j'ai peur qu'on vous surprenne ici, et j'ai quelques mesures à garder.
CLITANDRE. — Promettez-moi donc, madame, que je pourrai vous parler cette nuit.
ANGÉLIQUE. — J'y ferai mes efforts.
GEORGE DANDIN à M. et à madame de Sotenville. — Approchons doucement par derrière, et tâchons de n'être point vus.
CLAUDINE. — Ah! madame, tout est perdu! Voilà votre père et votre mère accompagnés de votre mari.
CLITANDRE. — Ah ciel!
ANGÉLIQUE bas à Clitandre et à Claudine. — Ne faites pas semblant de rien, et me laissez faire tous deux. (Haut à Clitandre.) Quoi! vous osez en user de la sorte, après l'affaire de tantôt, et c'est ainsi que vous dissimulez vos sentiments! On me vient rapporter que vous avez de l'amour pour moi, et que vous faites des desseins de me solliciter; j'en témoigne mon dépit, et m'explique à vous clairement en présence de tout le monde : vous niez hautement la chose, et me donnez parole de ne vouloir aucune pensée de m'offenser; et cependant le même jour vous prenez la hardiesse de venir chez moi me rendre visite, de me dire que vous m'aimez, et de me faire cent sots contes, pour me persuader de répondre à vos extravagances, comme si j'étais femme à violer la foi que j'ai donnée à un mari, et m'éloigner jamais de la vertu que mes parents m'ont enseignée! Si mon père savait cela, il vous apprendrait bien à tenter de ces entreprises! Mais une honnête femme n'aime point les éclats; je n'ai garde de lui en rien dire, (après avoir fait signe à Claudine d'apporter un bâton) et je veux vous montrer que, toute femme que je suis, j'ai assez de courage pour me venger moi-même des offenses que l'on me fait. L'action que vous avez faite n'est pas d'un gentilhomme, et ce n'est pas en gentilhomme aussi que je veux vous traiter.
(Angélique prend le bâton et le lève sur Clitandre, qui se range de façon que les coups tombent sur George Dandin.)
CLITANDRE criant comme s'il avait été frappé. — Ah! ah! ah! ah! ah! doucement!

SCÈNE XI.
M. DE SOTENVILLE, MADAME DE SOTENVILLE, ANGÉLIQUE, GEORGE DANDIN, CLAUDINE.

CLAUDINE. — Fort! madame, frappez comme il faut.
ANGÉLIQUE faisant semblant de parler à Clitandre. — S'il vous demeure quelque chose sur le cœur, je suis pour vous répondre.
CLAUDINE. — Apprenez à qui vous vous jouez.
ANGÉLIQUE faisant l'étonnée. — Ah! mon père, vous êtes là?
M. DE SOTENVILLE. — Oui, ma fille; et je vois qu'en sagesse et en courage tu te montres un digne rejeton de la maison de Sotenville. Viens çà, approche-toi que je t'embrasse.
Mme DE SOTENVILLE. — Embrasse-moi aussi, ma fille. Las! je pleure de joie, et reconnais mon sang aux choses que tu viens de faire.
M. DE SOTENVILLE. — Mon gendre, que vous devez être ravi! et que cette aventure est pour vous pleine de douceurs! Vous aviez un juste sujet de vous alarmer; mais vos soupçons se trouvent dissipés le plus avantageusement du monde.
Mme DE SOTENVILLE. — Sans doute, notre gendre, et vous devez maintenant être le plus content des hommes.
CLAUDINE. — Assurément. Voilà une femme, celle-là! vous êtes trop heureux de l'avoir, et vous devriez baiser les pas où elle passe.
GEORGE DANDIN à part. — Ah! traîtresse!
M. DE SOTENVILLE. — Qu'est-ce, mon gendre! que ne remerciez-vous un peu votre femme de l'amitié que vous voyez qu'elle montre pour vous?
ANGÉLIQUE. — Non, non, mon père, il n'est pas nécessaire : il ne m'a aucune obligation de ce qu'il vient de voir, et tout ce que j'en fais n'est que pour l'amour de moi-même.
M. DE SOTENVILLE. — Où allez-vous, ma fille?
ANGÉLIQUE. — Je me retire, mon père, pour ne me voir point obligée à recevoir ses compliments.
CLAUDINE à George Dandin. — Elle a raison d'être en colère. C'est une femme qui mérite d'être adorée, et vous ne la traitez pas comme vous devriez.
GEORGE DANDIN à part. — Scélérate!

SCÈNE XII.

M. DE SOTENVILLE, MADAME DE SOTENVILLE, GEORGE DANDIN.

M. DE SOTENVILLE. — C'est un petit ressentiment de l'affaire de tantôt, et cela se passera avec un peu de caresses que vous lui ferez. Adieu, mon gendre; vous voilà en état de ne vous plus inquiéter. Allez-vous-en faire la paix ensemble, et tâchez de l'apaiser par des excuses de votre emportement.

Mme DE SOTENVILLE. — Vous devez considérer que c'est une jeune fille élevée à la vertu, et qui n'est point accoutumée à se voir soupçonner d'aucune vilaine action. Adieu. Je suis ravie de voir vos désordres finis, et des transports de joie que vous doit donner sa conduite.

SCÈNE XIII.

GEORGE DANDIN *seul*.

Je ne dis mot, car je ne gagnerais rien à parler; et jamais il ne s'est rien vu d'égal à ma disgrâce. Oui, j'admire mon malheur, et la subtile adresse de ma carogne de femme pour se donner toujours raison et me faire avoir tort. Est-il possible que toujours j'aurai le dessous avec elle, que les apparences toujours tourneront contre moi, et que je ne parviendrai point à convaincre mon effrontée? O ciel, seconde mes desseins, et m'accorde la grâce de faire voir aux gens que l'on me déshonore!

ACTE TROISIÈME.

SCÈNE I.

CLITANDRE, LUBIN.

CLITANDRE. — La nuit est avancée, et j'ai peur qu'il ne soit trop tard. Je ne vois point à me conduire, Lubin.

LUBIN. — Monsieur?

CLITANDRE. — Est-ce par ici?

LUBIN. — Je pense que oui. Morgué! voilà une sotte nuit, d'être si noire que cela!

CLITANDRE. — Elle a tort assurément; mais, si d'un côté elle nous empêche de voir, elle empêche de l'autre que nous ne soyons vus.

LUBIN. — Vous avez raison, elle n'a pas tant de tort. Je voudrais bien savoir, monsieur, vous qui êtes savant, pourquoi il ne fait point jour la nuit.

CLITANDRE. — C'est une grande question, et qui est difficile. Tu es curieux, Lubin.

LUBIN. — Oui. Si j'avais étudié, j'aurais été songer à des choses où on n'a jamais songé.

CLITANDRE. — Je le crois. Tu as la mine d'avoir l'esprit subtil et pénétrant.

LUBIN. — Cela est vrai. Tenez, j'explique du latin, quoique jamais je ne l'aie appris, et voyant l'autre jour écrit sur une grande porte, *collegium*, je devinai que cela voulait dire collège.

CLITANDRE. — Cela est admirable. Tu sais donc lire, Lubin?

LUBIN. — Oui, je sais lire la lettre moulée; mais je n'ai jamais su apprendre à lire l'écriture.

CLITANDRE. — Nous voici contre la maison. (*Après avoir frappé dans ses mains.*) C'est le signal que m'a donné Claudine.

LUBIN. — Par ma foi c'est une fille qui vaut de l'argent, et je l'aime de tout mon cœur.

CLITANDRE. — Aussi t'ai-je amené avec moi pour l'entretenir.

LUBIN. — Monsieur, je vous suis...

CLITANDRE. — Chut. J'entends quelque bruit.

SCÈNE II.

ANGÉLIQUE, CLAUDINE, CLITANDRE, LUBIN.

ANGÉLIQUE. — Claudine!

CLAUDINE. — Hé bien?

ANGÉLIQUE. — Laisse la porte entr'ouverte.

CLAUDINE. — Voilà qui est fait.

(*Scène de nuit. Les acteurs se cherchent les uns les autres dans l'obscurité.*)

CLITANDRE *à Lubin*. — Ce sont elles. St!

ANGÉLIQUE. — St!

LUBIN. — St!

CLAUDINE. — St!

CLITANDRE *à Claudine, qu'il prend pour Angélique*. — Madame.

ANGÉLIQUE *à Lubin, qu'elle prend pour Clitandre*. — Quoi?

LUBIN *à Angélique, qu'il prend pour Claudine*. — Claudine.

CLAUDINE *à Clitandre, qu'elle prend pour Lubin*. — Qu'est-ce?

CLITANDRE *à Claudine, croyant parler à Angélique*. Ah! madame, que j'ai de joie!

LUBIN *à Angélique, croyant parler à Claudine*. — Claudine, ma pauvre Claudine!

CLAUDINE *à Clitandre*. — Doucement, monsieur.

ANGÉLIQUE *à Lubin*. — Tout beau, Lubin.

CLITANDRE. — Est-ce toi, Claudine?

CLAUDINE. — Oui.

LUBIN. — Est-ce vous, madame?

ANGÉLIQUE. — Oui.

CLAUDINE *à Clitandre*. — Vous avez pris l'une pour l'autre.

LUBIN *à Angélique*. — Ma foi, la nuit on n'y voit goutte.

ANGÉLIQUE. — Est-ce pas vous, Clitandre?

CLITANDRE. — Oui, madame.

ANGÉLIQUE. — Mon mari ronfle comme il faut, et j'ai pris ce temps pour nous entretenir ici.

CLITANDRE. — Cherchons quelque lieu pour nous asseoir.

CLAUDINE. — C'est fort bien avisé.

(*Angélique, Clitandre et Claudine vont s'asseoir dans le fond du théâtre.*)

LUBIN *cherchant Claudine*. — Claudine, où est-ce que tu es?

SCÈNE III.

ANGÉLIQUE, CLITANDRE ET CLAUDINE *assis au fond du théâtre*, GEORGE DANDIN *à moitié déshabillé*, LUBIN.

GEORGE DANDIN *à part*. — J'ai entendu descendre ma femme, et je me suis vite habillé pour descendre après elle. Où peut-elle être allée? Serait-elle sortie?

LUBIN *cherchant Claudine*. — Où es-tu donc, Claudine? (*Prenant George Dandin pour Claudine.*) Ah! te voilà. Par ma foi, ton maître est plaisamment attrapé; et je trouve ceci aussi drôle que les coups de bâton de tantôt, dont on m'a fait récit. Ta maîtresse dit qu'il ronfle à cette heure comme tous les diantres, et il ne sait pas que monsieur le vicomte et elle sont ensemble pendant qu'il dort. Je voudrais bien savoir quel songe il fait maintenant. Cela est tout à fait risible. De quoi s'avise-t-il aussi d'être jaloux de sa femme, et de vouloir qu'elle soit à lui tout seul? C'est un impertinent, et monsieur le vicomte lui fait trop d'honneur. Tu ne dis mot, Claudine! Allons, suivons-les; et me donne ta petite menotte, que je la baise. Ah! que cela est doux! il me semble que je mange des confitures. (*A George Dandin, qu'il prend toujours pour Claudine et qui le repousse rudement.*) Tubleu! comme vous y allez! Voilà une petite menotte qui est un peu bien rude.

GEORGE DANDIN. — Qui va là?

LUBIN. — Personne.

GEORGE DANDIN. — Il fuit, et me laisse informé de la nouvelle perfidie de ma coquine. Allons, il faut que, sans tarder, j'envoie appeler son père et sa mère; et que cette aventure me serve à me faire séparer d'elle. Holà! Colin, Colin!

SCÈNE IV.

ANGÉLIQUE ET CLITANDRE AVEC CLAUDINE ET LUBIN *assis au fond du théâtre*, GEORGE DANDIN, COLIN.

COLIN *à la fenêtre*. — Monsieur?

GEORGE DANDIN. — Allons, vite ici-bas.

COLIN *sautant par la fenêtre*. — M'y voilà : on ne peut pas plus vite.

GEORGE DANDIN. — Tu es là?

COLIN. — Oui, monsieur.

(*Pendant que George Dandin va chercher Colin du côté où il a entendu sa voix, Colin passe de l'autre côté et s'endort.*)

GEORGE DANDIN *se tournant du côté où il croit qu'est Colin*. — Doucement, parle bas. Ecoute. Va-t'en chez mon beau-père et ma belle-mère, et leur dis que je les prie très-instamment de venir tout à l'heure ici. Entends-tu? Hé! Colin, Colin!

COLIN *de l'autre côté, se réveillant*. — Monsieur?

GEORGE DANDIN. — Où diable es-tu?

COLIN. — Ici.

GEORGE DANDIN. — Peste soit du maroufle, qui s'éloigne de moi! (*Pendant que George Dandin retourne du côté où il croit que Colin est resté, Colin, à moitié endormi, passe de l'autre côté et se rendort.*) Je te dis que tu ailles de ce pas trouver mon beau-père et ma belle-mère, et leur dire que je les conjure de se rendre ici tout à l'heure. M'entends-tu bien? Réponds. Colin, Colin!

COLIN *de l'autre côté, se réveillant*. — Monsieur?

GEORGE DANDIN. — Voilà un pendard qui me fera enrager. Viens-t'en à moi. (*Ils se rencontrent et tombent tous deux.*) Ah! le traître, il m'a estropié. Où est-ce que tu es? Approche, que je te donne mille coups. Je pense qu'il me fuit.

COLIN. — Assurément.

GEORGE DANDIN. — Veux-tu venir?

COLIN. — Nenni, ma foi.

GEORGE DANDIN. — Viens, te dis-je.

COLIN. — Point. Vous me voulez battre.

GEORGE DANDIN. — Hé bien! non. Je ne te ferai rien.

COLIN. — Assurément?

GEORGE DANDIN. — Oui. Approche. Bon. (*A Colin, qu'il tient par le bras.*) Tu es bien heureux de ce que j'ai besoin de toi. Va-t'en vite,

ACTE III, SCÈNE VIII.

de ma part, prier mon beau-père et ma belle-mère de se rendre ici le plus tôt qu'ils pourront, et leur dis que c'est pour une affaire de la dernière conséquence ; et, s'ils faisaient quelque difficulté à cause de l'heure, ne manque pas de les presser et de leur bien faire entendre qu'il est très-important qu'ils viennent en quelque état qu'ils soient. Tu m'entends bien maintenant?

COLIN. — Oui, monsieur.

GEORGE DANDIN. — Va vite, et reviens de même. (*Se croyant seul.*) Et moi, je vais rentrer dans ma maison, attendant que..... Mais j'entends quelqu'un. Ne serait-ce point ma femme? Il faut que j'écoute et me serve de l'obscurité qu'il fait.

(*George Dandin se range près de la porte de sa maison.*)

SCÈNE V.
ANGÉLIQUE, CLITANDRE, CLAUDINE, LUBIN, GEORGE DANDIN.

ANGÉLIQUE *à Clitandre*. — Adieu, il est temps de se retirer.

CLITANDRE. — Quoi! sitôt?

ANGÉLIQUE. — Nous nous sommes assez entretenus.

CLITANDRE. — Ah! madame, puis-je assez vous entretenir et trouver en si peu de temps toutes les paroles dont j'ai besoin? Il me faudrait des journées entières pour me bien expliquer à vous de tout ce que je sens, et je ne vous ai pas dit encore la moindre partie de ce que j'ai à vous dire.

ANGÉLIQUE. — Nous en écouterons une autre fois davantage.

CLITANDRE. — Hélas! de quel coup me percez-vous l'âme, lorsque vous parlez de vous retirer! et avec combien de chagrins m'allez-vous laisser maintenant!

ANGÉLIQUE. — Nous trouverons moyen de nous revoir.

CLITANDRE. — Oui; mais je songe qu'en me quittant vous allez trouver un mari. Cette pensée m'assassine, et les priviléges qu'ont les maris sont des choses cruelles pour un amant qui aime bien.

ANGÉLIQUE. — Serez-vous assez faible pour avoir cette inquiétude? et pensez-vous qu'on soit capable d'aimer de certains maris qu'il y a? On les prend parce qu'on ne s'en peut défendre, et que l'on dépend de parents qui n'ont des yeux que pour le bien; mais on sait leur rendre justice, et l'on se moque fort de les considérer au delà de ce qu'ils méritent.

GEORGE DANDIN *à part*. — Voilà nos carognes de femmes!

CLITANDRE. — Ah! qu'il faut avouer que celui qu'on vous a donné était peu digne de l'honneur qu'il a reçu! et que c'est une étrange chose que l'assemblage qu'on a fait d'une personne comme vous avec un homme comme lui!

GEORGE DANDIN *à part*. — Pauvres maris, voilà comme on vous traite!

CLITANDRE. — Vous méritez, sans doute, une tout autre destinée, et le ciel ne vous a point faite pour être la femme d'un paysan.

GEORGE DANDIN. — Plût au ciel fût-elle la tienne! tu changerais bien de langage. Rentrons, c'en est assez.

(*George Dandin, étant rentré, ferme la porte en dedans.*)

SCÈNE VI.
ANGÉLIQUE, CLITANDRE, CLAUDINE, LUBIN.

CLAUDINE. — Madame, si vous avez à dire du mal de votre mari, dépêchez vite, car il est tard.

CLITANDRE. — Ah! Claudine, que tu es cruelle!

ANGÉLIQUE *à Clitandre*. — Elle a raison, séparons-nous.

CLITANDRE. — Il faut donc s'y résoudre, puisque vous le voulez; mais au moins je vous conjure de me plaindre un peu des méchants moments que je vais passer.

ANGÉLIQUE. — Adieu.

LUBIN. — Où es-tu, Claudine, que je te donne le bonsoir?

CLAUDINE. — Va, va, je le reçois de loin, et je t'en renvoie autant.

SCÈNE VII.
ANGÉLIQUE, CLAUDINE.

ANGÉLIQUE. — Rentrons sans faire de bruit.

CLAUDINE. — La porte s'est fermée.

ANGÉLIQUE. — J'ai le passe-partout.

CLAUDINE. — Ouvrez donc doucement.

ANGÉLIQUE. — On a fermé en dedans, et je ne sais comment nous ferons.

CLAUDINE. — Appelez le garçon qui couche là.

ANGÉLIQUE. — Colin! Colin! Colin!

SCÈNE VIII.
GEORGE DANDIN, ANGÉLIQUE, CLAUDINE.

GEORGE DANDIN *à la fenêtre*. — Colin! Colin! Ah! je vous y prends donc, madame ma femme; et vous faites de ces *escampativos* pendant que je dors! Je suis bien aise de cela, et de vous voir dehors à l'heure qu'il est.

ANGÉLIQUE. — Hé bien! quel grand mal est-ce qu'il y a à prendre le frais de la nuit?

GEORGE DANDIN. — Oui, oui, l'heure est bonne à prendre le frais. C'est bien plutôt le chaud, madame la coquine; et nous savons toute l'intrigue du rendez-vous et du damoiseau. Nous avons entendu votre galant entretien et les beaux vers à ma louange que vous avez dits l'un et l'autre. Mais ma consolation, c'est que je vais être vengé, et que votre père et votre mère seront convaincus maintenant de la justice de mes plaintes et du déréglement de votre conduite. Je les ai envoyé querir, et ils vont être ici dans un moment.

ANGÉLIQUE *à part*. — Ah! ciel!

CLAUDINE. — Madame!

GEORGE DANDIN. — Voilà un coup sans doute où vous ne vous attendiez pas. C'est maintenant que je triomphe, et j'ai de quoi mettre à bas votre orgueil et détruire vos artifices. Jusqu'ici vous avez joué mes accusations, ébloui vos parents et plâtré vos malversations. J'ai eu beau voir et beau dire, votre adresse toujours l'a emporté sur mon bon droit, et toujours vous avez trouvé moyen d'avoir raison; mais à cette fois, Dieu merci, les choses vont être éclaircies, et votre effronterie sera pleinement confondue.

ANGÉLIQUE. — Hé! je vous prie, faites-moi ouvrir la porte.

GEORGE DANDIN. — Non, non; il faut attendre la venue de ceux que j'ai mandés, et je veux qu'ils vous trouvent dehors à la belle heure qu'il est. En attendant qu'ils viennent, songez, si vous voulez, à chercher dans votre tête quelque nouveau détour pour vous tirer de cette affaire, à inventer quelque moyen de rhabiller votre escapade, à trouver quelque belle ruse pour éluder ici les gens et paraître innocente, quelque prétexte spécieux de pèlerinage nocturne ou d'amie en travail d'enfant que vous veniez de secourir.

ANGÉLIQUE. — Non, mon intention n'est pas de vous rien déguiser. Je ne prétends point me défendre ni vous nier les choses, puisque vous les savez.

GEORGE DANDIN. — C'est que vous voyez bien que tous les moyens vous en sont fermés, et que dans cette affaire vous ne sauriez inventer d'excuse qui ne me soit facile de convaincre de fausseté.

ANGÉLIQUE. — Oui, je confesse que j'ai tort et que vous avez sujet de vous plaindre; mais je vous demande par grâce de ne m'exposer point maintenant à la mauvaise humeur de mes parents, et de me faire promptement ouvrir.

GEORGE DANDIN. — Je vous baise les mains.

ANGÉLIQUE. — Hé! mon pauvre petit mari, je vous en conjure.

GEORGE DANDIN. — Ah! mon pauvre petit mari! Je suis votre petit mari maintenant parce que vous vous sentez prise. Je suis bien aise de cela, et vous ne vous étiez jamais avisée de me dire de ces douceurs.

ANGÉLIQUE. — Tenez, je vous promets de ne vous plus donner aucun sujet de déplaisir, et de me...

GEORGE DANDIN. — Tout cela n'est rien. Je ne veux point perdre cette aventure, et il m'importe qu'on soit une fois éclairci à fond de vos déportements.

ANGÉLIQUE. — De grâce, laissez-moi vous dire. Je vous demande un moment d'audience.

GEORGE DANDIN. — Hé bien, quoi?

ANGÉLIQUE. — Il est vrai que j'ai failli, je vous l'avoue encore une fois, et que votre ressentiment est juste; que j'ai pris le temps de sortir pendant que vous dormiez, et que cette sortie est un rendez-vous que j'avais donné à la personne que vous dites : mais enfin ce sont des actions que vous devez pardonner à mon âge, des emportements de jeune personne qui ne font encore rien vu et ne fait que d'entrer au monde, des libertés où l'on s'abandonne sans y penser de mal, et qui, sans doute, dans le fond n'ont rien de....

GEORGE DANDIN. — Oui, vous le dites, et ce sont de ces choses qui ont besoin qu'on les croie pieusement.

ANGÉLIQUE. — Je ne veux point m'excuser par là d'être coupable envers vous, et je vous prie seulement d'oublier une offense dont je vous demande pardon de tout mon cœur, et de m'épargner en cette rencontre le déplaisir que me pourraient causer les reproches fâcheux de mon père et de ma mère. Si vous m'accordez généreusement la grâce que je vous demande, ce procédé obligeant, cette bonté que je vous ferez voir me gagnera entièrement, elle touchera tout à fait mon cœur et y fera naître pour vous ce que tout le pouvoir de mes parents et les liens du mariage n'avaient pu y jeter; en un mot, elle sera cause que je renoncerai à toutes les galanteries, et n'aurai de l'attachement que pour vous. Oui, je vous donne ma parole que vous m'allez voir désormais la meilleure femme du monde, et que je vous témoignerai tant d'amitié, tant d'amitié, que vous en serez satisfait.

GEORGE DANDIN. — Ah! crocodile qui flatte les gens pour les étrangler!

ANGÉLIQUE. — Accordez-moi cette faveur.

GEORGE DANDIN. — Point d'affaire, je suis inexorable.

ANGÉLIQUE. — Montrez-vous généreux.

GEORGE DANDIN. — Non.

ANGÉLIQUE. — De grâce.

GEORGE DANDIN. — Point.

ANGÉLIQUE. — Je vous en conjure de tout mon cœur.

GEORGE DANDIN. — Non, non, non. Je veux qu'on soit détrompé de vous, et que votre confusion éclate.

ANGÉLIQUE. — Hé bien! si vous me réduisez au désespoir, je vous avertis qu'une femme en cet état est capable de tout, et que je ferai quelque chose ici dont vous vous repentirez.

GEORGE DANDIN. — Et que ferez-vous, s'il vous plaît?

ANGÉLIQUE. — Mon cœur se portera jusqu'aux extrêmes résolutions, et de ce couteau que voici je me tuerai sur la place.

GEORGE DANDIN. — Ah! ah! à la bonne heure.

ANGÉLIQUE. — Pas tant à la bonne heure pour vous que vous vous imaginez. On sait de tous côtés nos différends et les chagrins perpétuels que vous concevez contre moi. Lorsqu'on me trouvera morte, il n'y aura personne qui mette en doute que ce ne soit vous qui m'aurez tuée; et mes parents ne sont pas gens assurément à laisser cette mort

ACTE I, SCÈNE I.
GEORGE DANDIN. — George Dandin! George Dandin! vous avez fait une sottise...

impunie, et ils en feront sur votre personne toute la punition que leur pourront offrir et les poursuites de la justice et la chaleur de leur ressentiment. C'est par là que je trouverai moyen de me venger de vous; et je ne suis pas la première qui ait su recourir à de pareilles vengeances, qui n'ait pas fait difficulté de se donner la mort pour perdre ceux qui ont la cruauté de nous pousser à la dernière extrémité.

GEORGE DANDIN. — Je suis votre valet. On ne s'avise plus de se tuer soi-même, et la mode en est passée il y a longtemps.

ANGÉLIQUE. — C'est une chose dont vous pouvez vous tenir sûr; et, si vous persistez dans votre refus, si vous ne me faites ouvrir, je vous jure que tout à l'heure je vais vous faire voir jusqu'où peut aller la résolution d'une personne qu'on met au désespoir.

GEORGE DANDIN. — Bagatelles! bagatelles! c'est pour me faire peur.

ANGÉLIQUE. — Hé bien! puisqu'il le faut, voici qui nous contentera tous deux et montrera si je me moque. (*Après avoir fait semblant de se tuer.*) Ah! c'en est fait! fasse le ciel que ma mort soit vengée comme je le souhaite, et que celui qui en est cause reçoive un juste châtiment de la dureté qu'il a eue pour moi!

GEORGE DANDIN. — Ouais! serait-elle bien si malicieuse que de s'être tuée pour me faire pendre? Prenons un bout de chandelle pour aller voir.

SCÈNE IX.
ANGÉLIQUE, CLAUDINE.

ANGÉLIQUE *à Claudine*. — St! Paix! Rangeons-nous chacune immédiatement contre un des côtés de la porte.

SCÈNE X.
ANGÉLIQUE ET CLAUDINE *entrant dans la maison au moment que George Dandin en sort, et fermant la porte en dedans;* GEORGE DANDIN *une chandelle à la main.*

GEORGE DANDIN. — La méchanceté d'une femme irait-elle bien jusque-là? (*Seul, après avoir regardé partout.*) Il n'y a personne. Hé! je m'en étais bien douté; et la pendarde s'est retirée, voyant qu'elle ne gagnait rien après moi ni par prières, ni par menaces. Tant mieux, cela rendra ses affaires encore plus mauvaises; et le père et la mère, qui vont venir, en verront mieux son crime. (*Après avoir été à la porte de sa maison pour rentrer.*) Ah! ah! la porte s'est fermée! Holà! oh! quelqu'un! qu'on m'ouvre promptement.

SCÈNE XI.
ANGÉLIQUE ET CLAUDINE *à la fenêtre*, GEORGE DANDIN.

ANGÉLIQUE. — Comment! c'est toi! D'où viens-tu, bon pendard? Est-il l'heure de revenir chez soi quand le jour est près de paraître? et cette manière de vie est-elle celle que doit suivre un honnête mari?

CLAUDINE. — Cela est-il beau d'aller ivrogner toute la nuit, et de laisser ainsi toute seule une pauvre jeune femme dans la maison?

GEORGE DANDIN. — Comment! vous avez....

ANGÉLIQUE. — Va, va, traître, je suis lasse de tes déportements, et je m'en veux plaindre sans plus tarder à mon père et à ma mère.

GEORGE DANDIN. — Quoi! c'est ainsi que vous osez....

SCÈNE XII.
M. DE SOTENVILLE ET MADAME DE SOTENVILLE *en déshabillé de nuit,* COLIN *portant une lanterne,* ANGÉLIQUE ET CLAUDINE *à la fenêtre,* GEORGE DANDIN.

ANGÉLIQUE *à M. et madame de Sotenville.* — Approchez, de grâce, et venez me faire raison de l'insolence la plus grande du monde, d'un mari à qui le vin et la jalousie ont troublé de telle sorte la cervelle, qu'il ne sait plus ni ce qu'il dit ni ce qu'il fait, et vous a lui-même envoyé quérir pour vous faire témoins de l'extravagance la plus étrange dont on ait jamais ouï parler. Le voilà qui revient, comme vous voyez, après s'être fait attendre toute la nuit : et, si vous voulez l'écouter, il vous dira qu'il a les plus grandes plaintes du monde à vous faire de moi; que, durant qu'il dormait, je me suis dérobée d'auprès de lui pour m'en aller courir, et cent autres contes de même nature qu'il est allé rêver.

M. de Sotenville.

GEORGE DANDIN *à part.* — Voilà une méchante carogne.

CLAUDINE. — Oui, il nous a voulu faire accroire qu'il était dans la maison, et que nous en étions dehors; et c'est une folie qu'il n'y a pas moyen de lui ôter de la tête.

M. DE SOTENVILLE. — Comment! qu'est-ce à dire cela?

Mme DE SOTENVILLE. — Voilà une furieuse impudence que de nous envoyer quérir!

GEORGE DANDIN. — Jamais....

ANGÉLIQUE. — Non, mon père, je ne puis plus souffrir un mari de la sorte; ma patience est poussée à bout : et il vient de me dire cent paroles injurieuses.

M. DE SOTENVILLE à George Dandin. — Corbleu! vous êtes un malhonnête homme!
CLAUDINE. — C'est une conscience de voir une pauvre jeune femme traitée de la façon, et cela crie vengeance au ciel.
GEORGE DANDIN. — Peut-on....
M. DE SOTENVILLE. — Allez, vous devriez mourir de honte.
GEORGE DANDIN. — Laissez-moi vous dire deux mots.
ANGÉLIQUE. — Vous n'avez qu'à l'écouter, il va vous en conter de belles.
GEORGE DANDIN à part. — Je désespère.
CLAUDINE. — Il a tant bu, que je ne pense pas qu'on puisse durer contre lui; et l'odeur du vin qu'il souffle est montée jusqu'à nous.
GEORGE DANDIN. — Monsieur mon beau-père, je vous conjure....
GEORGE DANDIN. — Quoi! je....
M. DE SOTENVILLE. — Corbleu! si vous me répliquez, je vous apprendrai ce que c'est que de vous jouer à nous.
GEORGE DANDIN. — Ah! George Dandin!

SCÈNE XIV.
M. DE SOTENVILLE, MADAME DE SOTENVILLE, ANGÉLIQUE, GEORGE DANDIN, CLAUDINE, COLIN.

M. DE SOTENVILLE. — Allons, venez, ma fille, que votre mari vous demande pardon.
ANGÉLIQUE. — Moi! lui pardonner tout ce qu'il m'a dit? Non, non, mon père, il est impossible de m'y résoudre; et je vous prie de me séparer d'un mari avec lequel je ne saurais plus vivre.
CLAUDINE. — Le moyen d'y résister!
M. DE SOTENVILLE. — Ma fille, de semblables séparations ne se font point sans grand scandale; et vous devez vous montrer plus sage que lui, et patienter encore cette fois.
ANGÉLIQUE. — Comment! patienter, après de telles indignités? Non, mon père, c'est une chose où je ne puis consentir.
M. DE SOTENVILLE. — Il le faut, ma fille, et c'est moi qui vous le commande.
ANGÉLIQUE. — Ce mot me ferme la bouche, et vous avez sur moi une puissance absolue.
CLAUDINE. — Quelle douceur!
ANGÉLIQUE. — Il est fâcheux d'être contrainte d'oublier de telles injures; mais quelque violence que je me fasse, c'est à moi de vous obéir.
CLAUDINE. — Pauvre mouton!
M. DE SOTENVILLE à Angélique. — Approchez.
ANGÉLIQUE. — Tout ce que vous me faites faire ne servira de rien; et vous verrez que ce sera dès demain à recommencer.

ACTE I, SCÈNE VIII.
GEORGE DANDIN. — Voulez-vous que je sois serviteur d'un homme qui me vaut faire cocu?

M. DE SOTENVILLE. — Retirez-vous : vous puez le vin à pleine bouche.
GEORGE DANDIN. — Madame, je vous prie....
Mme DE SOTENVILLE. — Fi! ne m'approchez pas, votre haleine est empestée.
GEORGE DANDIN à M. de Sotenville. — Souffrez que je vous....
M. DE SOTENVILLE. — Retirez-vous, vous dis-je : on ne peut vous souffrir.
GEORGE DANDIN à madame de Sotenville. — Permettez, de grâce, que....
Mme DE SOTENVILLE. — Pouah! vous m'engloutissez le cœur. Parlez de loin, si vous voulez.
GEORGE DANDIN. — Hé bien! oui, je parle de loin. Je vous jure que je n'ai bougé de chez moi, et que c'est elle qui est sortie.
ANGÉLIQUE. — Ne voilà pas ce que je vous ai dit?
CLAUDINE. — Vous voyez quelle apparence il y a.
M. DE SOTENVILLE à Angélique. — Allez, vous vous moquez des gens. Descendez, ma fille, et venez ici.

SCÈNE XIII.
M. DE SOTENVILLE, MADAME DE SOTENVILLE, GEORGE DANDIN, COLIN.

GEORGE DANDIN. — J'atteste le ciel que j'étais dans la maison, et que....
M. DE SOTENVILLE. — Taisez-vous, c'est une extravagance qui n'est pas supportable.
GEORGE DANDIN. — Que la foudre m'écrase tout à l'heure si....
M. DE SOTENVILLE. — Ne nous rompez pas davantage la tête, et songez à demander pardon à votre femme.
GEORGE DANDIN. — Moi! demander pardon?
M. DE SOTENVILLE. — Oui, pardon, et sur-le-champ.

ACTE II, SCÈNE III.
George Dandin tourne autour de sa femme, et Clitandre se retire en faisant une grande révérence à George Dandin.

M. DE SOTENVILLE. — Nous y donnerons ordre. (A George Dandin.) Allons, mettez-vous à genoux?
GEORGE DANDIN. — A genoux?
M. DE SOTENVILLE. — Oui, à genoux, et sans tarder.
GEORGE DANDIN à genoux une chandelle à la main. — (A part.) O ciel! (A M. de Sotenville.) Que faut-il dire?
M. DE SOTENVILLE. — Madame, je vous prie de me pardonner...
GEORGE DANDIN. — Madame, je vous prie de me pardonner...
M. DE SOTENVILLE. — L'extravagance que j'ai faite...
GEORGE DANDIN. — L'extravagance que j'ai faite... (à part) de vous épouser.
M. DE SOTENVILLE. — Et je vous promets de mieux vivre à l'avenir.
GEORGE DANDIN. — Et je vous promets de mieux vivre à l'avenir.

M. DE SOTENVILLE à *George Dandin*. — Prenez-y garde, et sachez que c'est ici la dernière de vos impertinences que nous souffrirons.

Mᵐᵉ DE SOTENVILLE. — Jour de Dieu! si vous y retournez, on vous apprendra le respect que vous devez à votre femme et à ceux de qui elle sort.

M. DE SOTENVILLE. — Voilà le jour qui va paraître. Adieu. (*A George Dandin.*) Rentrez chez vous, et songez bien à être sage. (*A madame de Sotenville.*) Et nous, m'amour, allons nous mettre au lit.

SCÈNE XV.
GEORGE DANDIN.

Ah! je le quitte maintenant, et je n'y vois plus de remède. Lorsqu'on a, comme moi, épousé une méchante femme, le meilleur parti qu'on puisse prendre, c'est de s'aller jeter dans l'eau la tête la première.

INTERMÈDES DE GEORGE DANDIN.

PERSONNAGES DES INTERMEDES.

GEORGE DANDIN.
BERGERS dansants, déguisés en valets de fête.
BERGERS jouant de la flûte.
CLIMÈNE, bergère chantante.
CHLORIS, bergère chantante.
TIRCIS, berger chantant, amant de Climène.
PHILÈNE, berger chantant, amant de Chloris.
UNE BERGÈRE.
BATELIERS dansants.
UN PAYSAN ami de George Dandin.

CHŒURS DE BERGERS chantants.
BERGERS ET BERGÈRES dansants.
UN SATYRE chantant.
UN SUIVANT DE BACCHUS chantant.
CHŒUR DE SUIVANTS DE BACCHUS chantants.
CHŒUR DE SUIVANTS DE L'AMOUR chantants.
UN BERGER chantant.
SUIVANTS DE BACCHUS ET BACCHANTES dansants.
SUIVANTS DE L'AMOUR dansants.

PREMIER INTERMÈDE.
SCÈNE I.

GEORGE DANDIN, BERGERS *déguisés en valets de fête*, BERGERS *jouant de la flûte.*

PREMIÈRE ENTRÉE.

Quatre bergers déguisés en valets de fête accompagnés de quatre bergers jouant de la flûte, entrent en dansant et obligent George Dandin de danser avec eux.

George Dandin, mal satisfait de son mariage, et n'ayant l'esprit rempli que de fâcheuses pensées, quitte bientôt les bergers avec lesquels il n'a demeuré que par contrainte.

SCÈNE II.
CLIMÈNE, CHLORIS.

CLIMÈNE. L'autre jour, d'Anette
J'entendis la voix,
Qui sur sa musette
Chantait dans nos bois :
Amour, que sous ton empire
On souffre de maux cuisants!
Je le puis bien dire,
Puisque je le sens.

CHLORIS. La jeune Lisette,
Au même moment,
Sur le ton d'Anette
Reprit tendrement :
Amour, si sous ton empire
Je souffre des maux cuisants,
C'est de n'oser dire
Tout ce que je sens.

SCÈNE III.
TIRCIS, PHILÈNE, CLIMÈNE, CHLORIS.

CHLORIS. Laisse-nous en repos, Philène.
CLIMÈNE. Tircis, ne viens point m'arrêter.
TIRCIS ET PHILÈNE ENSEMBLE. Ah! belle inhumaine,
Daigne un moment m'écouter.
CLIMÈNE ET CHLORIS ENSEMBLE. Mais que me veux-tu conter?
TIRCIS ET PHILÈNE ENSEMBLE. Que d'une flamme immortelle
Mon cœur brûle sous tes lois.
CLIMÈNE ET CHLORIS ENSEMBLE. Ce n'est pas une nouvelle,
Tu me l'as dit mille fois.
PHILÈNE à *Chloris*. Quoi! veux-tu, toute ma vie,
Que j'aime, et n'obtienne rien?
CHLORIS. Non, ce n'est pas mon envie;
N'aime plus, je le veux bien.
TIRCIS à *Climène*. Le ciel me force à l'hommage
Dont tous ces bois sont témoins.
CLIMÈNE. C'est au ciel, puisqu'il t'engage,
A te payer de tes soins.

PHILÈNE à *Chloris*. C'est par ton mérite extrême
Que tu captives mes vœux.
CHLORIS. Si je mérite qu'on m'aime,
Je ne dois rien à tes feux.
TIRCIS ET PHILÈNE ENSEMBLE. L'éclat de tes yeux me tue.
CLIMÈNE ET CHLORIS ENSEMBLE. Détourne de moi tes pas.
TIRCIS ET PHILÈNE ENSEMBLE. Je me plais dans cette vue.
CLIMÈNE ET CHLORIS ENSEMBLE. Berger, ne t'en plains donc pas.
PHILÈNE. Ah! belle Climène!
TIRCIS. Ah! belle Chloris!
PHILÈNE à *Climène*. Rends-la pour moi plus humaine.
TIRCIS à *Chloris*. Dompte pour moi ses mépris.
CLIMÈNE à *Chloris*. Sois sensible à l'amour que te porte Philène.
CHLORIS à *Climène*. Sois sensible à l'ardeur dont Tircis est épris.
CLIMÈNE à *Chloris*. Si tu veux me donner ton exemple, bergère,
Peut-être je le recevrai.
CHLORIS à *Climène*. Si tu veux te résoudre à marcher la première,
Possible que je te suivrai.
CLIMÈNE ET CHLORIS ENSEMBLE. Adieu, berger.
CLIMÈNE à *Philène*. Attends un favorable sort.
CHLORIS à *Tircis*. Attends un doux succès du mal qui te possède.
TIRCIS. Je n'attends aucun remède.
PHILÈNE. Et je n'attends que la mort.
TIRCIS ET PHILÈNE ENSEMBLE. Puisqu'il nous faut languir en de tels déplaisirs,
Mettons fin, en mourant, à nos tristes soupirs.

ACTE PREMIER.
DEUXIÈME INTERMÈDE.
SCÈNE I.
GEORGE DANDIN, UNE BERGÈRE.

La bergère vient apprendre à George Dandin le désespoir de Tircis et de Philène, qui se sont précipités dans les eaux. George Dandin, agité d'autres inquiétudes, la quitte en colère.

SCÈNE II.
CHLORIS.

Ah! mortelles douleurs!
Qu'ai-je plus à prétendre?
Coulez, coulez, mes pleurs :
Je n'en puis trop répandre.
Pourquoi faut-il qu'un tyrannique honneur
Tienne notre âme en esclave asservie?
Hélas! pour contenter sa barbare rigueur,
J'ai réduit mon amant à sortir de la vie!
Ah! mortelles douleurs!
Qu'ai-je plus à prétendre?

Coulez, coulez, mes pleurs :
Je n'en puis trop répandre.
Me puis-je pardonner dans ce funeste sort
Les sévères froideurs dont je m'étais armée ?
Quoi donc ! mon cher amant, je t'ai donné la mort !
Est-ce le prix, hélas ! de m'avoir tant aimée ?
Ah ! mortelles douleurs !
Qu'ai-je plus à prétendre ?
Coulez, coulez, mes pleurs :
Je n'en puis trop répandre.

ACTE DEUXIÈME.
TROISIÈME INTERMÈDE.
SCÈNE I.
GEORGE DANDIN, UNE BERGÈRE, BATELIERS.

La bergère qui avait annoncé à George Dandin le malheur de Tircis et Philène lui vient dire que ces bergers ne sont point morts, et lui montre les bateliers qui les ont sauvés. George Dandin n'écoute pas plus tranquillement ce second récit de la bergère qu'il n'avait fait le premier, et se retire.

SCÈNE II.
ENTRÉE DE BALLET.

Les bateliers qui ont sauvé Tircis et Philène, ravis de la récompense qu'ils ont reçue, expriment leur joie en dansant, et font une manière de jeu avec leurs crocs.

ACTE TROISIÈME.
QUATRIÈME INTERMÈDE.
SCÈNE I.
GEORGE DANDIN, UN PAYSAN.

Ce paysan, ami de George Dandin, lui conseille de noyer dans le vin toutes ses inquiétudes, et l'emmène pour joindre sa troupe, voyant venir toute la foule des bergers amoureux, qui commencent à célébrer par des chants et des danses le pouvoir de l'Amour.

SCÈNE II.
Le théâtre change et représente de grandes roches entremêlées d'arbres où l'on voit plusieurs bergers qui jouent des instruments.
CHLORIS, CLIMÈNE, TIRCIS, PHILÈNE, CHOEUR DE BERGERS CHANTANTS, BERGERS ET BERGÈRES DANSANTS.

CHLORIS.
Ici l'ombre des ormeaux
Donne un teint frais aux herbettes,
Et les bords de ces ruisseaux
Brillent de mille fleurettes
Qui se mirent dans les eaux.
Prenez, bergers, vos musettes,
Ajustez vos chalumeaux,
Et mêlons nos chansonnettes
Aux chants des petits oiseaux.
Le zéphyr entre ces eaux
Fait mille courses secrètes ;
Et les rossignols nouveaux
De leurs douces amourettes
Parlent aux tendres rameaux.
Prenez, bergers, vos musettes,
Ajustez vos chalumeaux,
Et mêlons nos chansonnettes
Aux chants des petits oiseaux.

PREMIÈRE ENTRÉE DE BALLET.
Bergers et bergères dansants.

CLIMÈNE.
Ah ! qu'il est doux, belle Sylvie,
Ah ! qu'il est doux de s'enflammer !
Il faut retrancher de la vie
Ce qu'on en passe sans aimer.

CHLORIS.
Ah ! les beaux jours qu'Amour nous donne,
Lorsque sa flamme unit les cœurs !
Est-il ni gloire ni couronne
Qui vaille ses moindres douceurs ?

TIRCIS.
Qu'avec peu de raison on se plaint d'un martyre
Que suivent de si doux plaisirs

PHILÈNE.
Un moment de bonheur dans l'amoureux empire
Répare dix ans de soupirs.

TOUS ENSEMBLE. Chantons tous de l'Amour le pouvoir adorable ;
Chantons tous dans ces lieux
Ses attraits glorieux :
Il est le plus aimable
Et le plus grand des dieux.

SCÈNE III.
Un grand rocher couvert d'arbres, sur lequel est assise toute la troupe de Bacchus, s'avance sur le bord du théâtre.
UN SATYRE, UN SUIVANT DE BACCHUS, CHOEUR DE SATYRES CHANTANTS, SUIVANTS DE BACCHUS ET BACCHANTES DANSANTS ; CHLORIS, CLIMÈNE, TIRCIS, PHILÈNE, CHOEURS DE BERGERS CHANTANTS ; BERGERS ET BERGÈRES DANSANTS.

LE SATYRE. Arrêtez, c'est trop entreprendre ;
Un autre dieu, dont nous suivons les lois,
S'oppose à cet honneur qu'à l'Amour osent rendre
Vos musettes et vos voix :
A des titres si beaux Bacchus seul peut prétendre,
Et nous sommes ici pour défendre ses droits.

CHOEUR DE SATYRES. Nous suivons de Bacchus le pouvoir adorable ;
Nous suivons en tous lieux
Ses attraits glorieux :
Il est le plus aimable
Et le plus grand des dieux.

DEUXIÈME ENTRÉE DE BALLET.
Suivants de Bacchus et bacchantes dansants.

CHLORIS.
C'est le printemps qui rend l'âme
A nos champs semés de fleurs ;
Mais c'est l'amour et sa flamme
Qui font revivre nos cœurs.

UN SUIVANT DE BACCHUS. Le soleil chasse les ombres
Dont le ciel est obscurci ;
Et des âmes les plus sombres
Bacchus chasse le souci.

CHOEUR DES SUIVANTS DE BACCHUS.
Bacchus est révéré sur la terre et sur l'onde.
CHOEUR DES SUIVANTS DE L'AMOUR.
Et l'Amour est un dieu qu'on adore en tous lieux.
CHOEUR DES SUIVANTS DE BACCHUS.
Bacchus à son pouvoir a soumis tout le monde.
CHOEUR DES SUIVANTS DE L'AMOUR.
Et l'Amour a dompté les hommes et les dieux.
CHOEUR DES SUIVANTS DE BACCHUS.
Rien peut-il égaler sa douceur sans seconde ?
CHOEUR DES SUIVANTS DE L'AMOUR.
Rien peut-il égaler ses charmes précieux ?
CHOEUR DES SUIVANTS DE BACCHUS. Fi de l'Amour et de ses feux !
CHOEUR DES SUIVANTS DE L'AMOUR.
Ah ! quel plaisir d'aimer !
CHOEUR DES SUIVANTS DE BACCHUS. Ah ! quel plaisir de boire !
CHOEUR DES SUIVANTS DE L'AMOUR.
A qui vit sans amour la vie est sans appas.
CHOEUR DES SUIVANTS DE BACCHUS.
C'est mourir que de vivre et de ne boire pas.
CHOEUR DES SUIVANTS DE L'AMOUR. Aimables fers !
CHOEUR DES SUIVANTS DE BACCHUS. Douce victoire !
CHOEUR DES SUIVANTS DE L'AMOUR.
Ah ! quel plaisir d'aimer !
CHOEUR DES SUIVANTS DE BACCHUS. Ah ! quel plaisir de boire !
TOUS ENSEMBLE. Non, non, c'est un abus :
Le plus grand dieu de tous,
CHOEUR DES SUIVANTS DE L'AMOUR. C'est l'Amour.
CHOEUR DES SUIVANTS DE BACCHUS. C'est Bacchus.

SCÈNE IV.
UN BERGER ET LES MÊMES ACTEURS.

LE BERGER. C'est trop, c'est trop, bergers. Hé ! pourquoi ces débats ?
Souffrons qu'en un parti la raison nous assemble.
L'Amour a des douceurs, Bacchus a des appas ;
Ce sont deux déités qui sont fort bien ensemble ;
Ne les séparons pas.

LES DEUX CHOEURS. Mêlons donc leurs douceurs aimables.
Mêlons nos voix dans ces lieux agréables,
Et faisons répéter aux échos d'alentour
Qu'il n'est rien de plus doux que Bacchus et l'Amour.

TROISIÈME ENTRÉE DE BALLET.

Les bergers et bergères se mêlent avec les suivants de Bacchus et les bacchantes. Les suivants de Bacchus frappent avec leurs thyrses les espèces de tambours de basque que portent les bacchantes pour représenter ces cribles qu'elles portaient anciennement aux fêtes de Bacchus ; les uns et les autres font différentes postures pendant que les bergers et les bergères dansent plus sérieusement.

FIN DE GEORGE DANDIN.

L'AMOUR MÉDECIN,

COMÉDIE-BALLET EN TROIS ACTES.

NOTICE.

La plupart des médecins du temps de Louis XIV étaient dignes des sarcasmes de Molière. Gui Patin, qui se distinguait de ses confrères par un savoir réel, les qualifie dans ses Lettres de charlatans, d'empiriques, d'ignorants et d'assassins. Ceux qui étaient attachés à la cour méritaient surtout ces rudes épithètes, car ils devaient leur position moins à leur talent qu'à l'intrigue. C'étaient en 1665 les docteurs Guénaut, Esprit, Dacquin et Desfougerais. Guénaut, médecin de la reine, grand partisan de l'antimoine, a été attaqué par Boileau dans les satires IV et VI. Il avait donné ses soins au cardinal Mazarin pendant la maladie qui emporta ce ministre. Un jour que ce docteur se promenait à cheval, suivant son ordinaire, s'était fourvoyé dans un embarras de voitures, un charretier le reconnut et dit : « Laissons passer monsieur, c'est lui qui nous a fait la grâce de tuer le cardinal. » Guénaut mourut le 16 mai 1667.

Le docteur Esprit n'était remarquable que par son bredouillement. Dacquin avait une prédilection excessive pour la phlébotomie. Gui Patin, dans ses Lettres, le définit ainsi : « Pauvre cancre, race de juif, grand charlatan, il avait autrefois suivi la reine mère, qui l'a quittée avec grande raison. C'est un médecin de la cour qui est véritablement court de science, mais riche en fourberies chimiques et pharmaceutiques. » Le même auteur dit au sujet de Desfougerais : « Je ne crois pas qu'il y ait sur la terre un charlatan plus déterminé et plus per-

verti que ce malheureux chimiste, boiteux des deux côtés comme Vulcain, qui tue plus de monde avec son antimoine que trois hommes de bien n'en sauvent avec les remèdes ordinaires. Je pense que si cet homme croyait qu'il y eût au monde un plus grand charlatan que lui il tâcherait de le faire empoisonner. Il a dans sa pochette de la poudre blanche, de la rouge et de la jaune. Il guérit toutes sortes de maladies, et se fourre partout. »

Dans *l'Amour médecin*, représenté sur le théâtre de Versailles le 15 septembre 1665, Molière se permit de railler ces quatre personnages. Ayant besoin de déguiser leurs noms, il pria Boileau de lui en fabriquer de convenables; et Boileau tira du grec quatre appellations caractéristiques. Il donna à M. Desfougerais le nom de Desfonandrais, de φύω, je tue, et de ἀνήρ, homme ; à M. Esprit le nom de Bahis, de βαΰζειν, japper, aboyer; à M. Guénaut celui de Macroton, de μακρός, lent, et τόνος, ton, parce que ce docteur parlait sentencieusement; à M. Dacquin le nom de Tomès, de τομή, coupant, parce qu'il aimait à trancher la veine.

L'Amour médecin, où l'on trouve tant de détails spirituels, fut écrit, appris et représenté en cinq jours. Transporté le 22 septembre 1665 sur le théâtre du Palais-Royal, il n'y eut pas moins de succès qu'à la cour; et ce mot de la scène I : « Vous êtes orfèvre, monsieur Josse, » devint rapidement proverbial.

ÉMILE DE LABÉDOLLIÈRE.

AU LECTEUR.

Ce n'est ici qu'un simple crayon, un petit impromptu dont le roi a voulu se faire un divertissement. Il est le plus précipité de tous ceux que Sa Majesté m'ait commandés; et, lorsque je dirai qu'il a été proposé, fait, appris et représenté en cinq jours, je ne dirai que ce qui est vrai. Il n'est pas nécessaire de vous avertir qu'il y a beaucoup de choses qui dépendent de l'action. On sait bien que les comédies ne sont faites que pour être jouées, et je ne conseille de lire celle-ci qu'aux personnes qui ont des yeux pour découvrir dans la lecture tout le jeu du théâtre. Ce que je vous dirai, c'est qu'il serait à souhaiter que ces sortes d'ouvrages pussent toujours se montrer à vous avec les ornements qui les accompagnent chez le roi : vous les verriez dans un état beaucoup plus supportable; et les airs et les symphonies de l'incomparable M. Lulli, mêlés à la beauté des voix et à l'adresse des danseurs, leur donnent sans doute des grâces dont ils ont toutes les peines du monde à se passer.

PERSONNAGES DU PROLOGUE.

LA COMÉDIE.
LA MUSIQUE.
LE BALLET.

PERSONNAGES DE LA COMÉDIE.

SGANARELLE, père de Lucinde.
LUCINDE, fille de Sganarelle.
CLITANDRE, amant de Lucinde.
AMINTE, voisine de Sganarelle.
LUCRÈCE, nièce de Sganarelle.
LISETTE, suivante de Lucinde.
M. GUILLAUME, marchand de tapisseries.
M. JOSSE, orfèvre.
M. TOMÈS,
M. DESFONANDRÈS,
M. MACROTON, } médecins.
M. BAHIS,
M. FILLERIN,
UN NOTAIRE.
CHAMPAGNE, valet de Sganarelle.

PERSONNAGES DU BALLET.

PREMIÈRE ENTRÉE.
CHAMPAGNE, valet de Sganarelle, dansant.
QUATRE MÉDECINS dansants.

DEUXIÈME ENTRÉE.
UN OPÉRATEUR chantant.
TRIVELINS ET SCARAMOUCHES dansants de la suite de l'opérateur.

TROISIÈME ENTRÉE.
LA COMÉDIE.
LA MUSIQUE.
LE BALLET.
JEUX, RIS, PLAISIRS, dansants.

La scène est à Paris.

PROLOGUE.

LA COMÉDIE, LA MUSIQUE, LE BALLET.

LA COMÉDIE. Quittons, quittons notre vaine querelle;
Ne nous disputons point nos talents tour à tour,
Et d'une gloire plus belle
Piquons-nous en ce jour.
Unissons-nous tous trois d'une ardeur sans seconde
Pour donner du plaisir au plus grand roi du monde.

TOUS TROIS ENSEMBLE. Unissons-nous tous trois d'une ardeur sans seconde
Pour donner du plaisir au plus grand roi du monde.
LA MUSIQUE. De ses travaux, plus grands qu'on ne peut croire,
Il se vient quelquefois délasser parmi nous.
LE BALLET. Est-il de plus grande gloire?
Est-il de bonheur plus doux?
TOUS TROIS ENSEMBLE. Unissons-nous tous trois d'une ardeur sans seconde
Pour donner du plaisir au plus grand roi du monde.

ACTE PREMIER.

SCÈNE I.

SGANARELLE, AMINTE, LUCRÈCE, M. GUILLAUME, M. JOSSE.

SGANARELLE. — Ah! l'étrange chose que la vie! et que je puis bien dire, avec ce grand philosophe de l'antiquité, que *qui terre a, guerre a*, et qu'un malheur ne vient jamais sans l'autre! Je n'avais qu'une femme, qui est morte.

M. GUILLAUME. — Et combien donc en vouliez-vous avoir?

SGANARELLE. — Elle est morte, monsieur Guillaume mon ami. Cette perte m'est très-sensible, et je ne puis m'en ressouvenir sans pleurer. Je n'étais pas fort satisfait de sa conduite, et nous avions le plus souvent dispute ensemble : mais enfin la mort rajuste toutes choses. Elle est morte, je la pleure. Si elle était en vie, nous nous querellerions. De tous les enfants que le ciel m'avait donnés, il ne m'a laissé qu'une fille, et cette fille est toute ma peine : car enfin je la vois dans une mélancolie la plus sombre du monde, dans une tristesse épouvantable, dont il n'y a moyen de la retirer, et dont je ne saurais même apprendre la cause. Pour moi, j'en perds l'esprit, et j'aurais besoin d'un bon conseil sur cette matière. (*A Lucrèce.*) Vous êtes ma nièce; (*à Aminte*) vous, ma voisine; (*à M. Guillaume et à M. Josse*) et vous, mes compères et mes amis : je vous prie de me conseiller tout ce que je dois faire.

M. JOSSE. — Pour moi, je tiens que la braverie, que l'ajustement est la chose qui réjouit le plus les filles; et, si j'étais de vous, je lui achèterais dès aujourd'hui une belle garniture de diamants, ou de rubis, ou d'émeraudes.

M. GUILLAUME. — Et moi, si j'étais en votre place, j'achèterais une belle tenture de tapisserie de verdure ou à personnages, que je ferais mettre dans sa chambre pour lui réjouir l'esprit et la vue.

AMINTE. — Pour moi, je ne ferais pas tant de façons; je la marierais fort bien, et le plus tôt que je pourrais, avec cette personne qui vous la fit, dit-on, demander il y a quelque temps.

LUCRÈCE. — Et moi je tiens que votre fille n'est point du tout propre pour le mariage. Elle est d'une complexion trop délicate et trop peu saine; c'est la vouloir envoyer bientôt en l'autre monde que de l'exposer, comme elle est, à faire des enfants. Le monde n'est point du tout son fait; et je vous conseille de la mettre dans un couvent, où elle trouvera des divertissements qui seront mieux de son humeur.

SGANARELLE. — Tous ces conseils sont admirables, assurément; mais je les trouve un peu intéressés, et trouve que vous me conseillez fort bien pour vous. Vous êtes orfèvre, monsieur Josse; et votre conseil sent son homme qui a envie de se défaire de sa marchandise. Vous vendez des tapisseries, monsieur Guillaume; et vous avez la mine d'avoir quelque tenture qui vous incommode. Celui que vous aimez, ma voisine, a, dit-on, quelque inclination pour ma fille; et vous ne seriez pas fâchée de la voir femme d'un autre. Et quant à vous, ma chère nièce, ce n'est pas mon dessein, comme on sait, de marier ma fille avec qui ce soit, et j'ai mes raisons pour cela; mais le conseil que vous me donnez de la faire religieuse est d'une femme qui pourrait bien souhaiter charitablement d'être mon héritière universelle. Ainsi, messieurs et mesdames, quoique tous vos conseils soient les meilleurs du monde, vous trouverez bon, s'il vous plaît, que je n'en suive aucun. (*Seul.*) Voilà de mes donneurs de conseils à la mode.

SCÈNE II.

LUCINDE, SGANARELLE.

SGANARELLE. — Ah! voilà ma fille qui prend l'air. Elle ne me voit pas. Elle soupire; elle lève les yeux au ciel. (*A Lucinde.*) Dieu vous garde! Bonjour, ma mie. Hé bien! qu'est-ce? Comme vous en va? Hé quoi! toujours triste et mélancolique comme cela! et tu ne veux pas me dire ce que tu as! Allons donc, découvre-moi ton petit cœur. La, ma pauvre mie, dis, dis, dis tes petites pensées à ton petit papa mignon. Courage! Veux-tu que je te baise? Viens. (*A part.*) J'enrage de la voir de cette humeur-là. (*A Lucinde.*) Mais, dis-moi, me veux-tu faire mourir de déplaisir? et ne puis-je savoir d'où vient cette grande langueur? Découvre-m'en la cause, et je te promets que je ferai toutes choses pour toi. Oui, tu n'as qu'à me dire le sujet de ta tristesse : je t'assure ici et te fais serment qu'il n'y a rien que je ne fasse pour te satisfaire; c'est tout dire. Est-ce que tu es jalouse de quelqu'une de tes compagnes que tu voies plus brave que toi? Vions. S'il serait-il question d'étoffe nouvelle dont tu voulusses avoir un habit? Non. Est-ce que ta chambre ne te semble pas assez parée, et que tu souhaiterais quelque cabinet de la foire Saint-Laurent? Ce n'est pas cela. Aurais-tu envie d'apprendre quelque chose? et veux-tu que je te donne un maître pour te montrer à jouer du clavecin? Nenni. Aimerais-tu quelqu'un, et souhaiterais-tu d'être mariée? (*Lucinde fait signe qu'oui.*)

SCÈNE III.

SGANARELLE, LUCINDE, LISETTE.

LISETTE. — Hé bien! monsieur, vous venez d'entretenir votre fille : avez-vous su la cause de sa mélancolie?

SGANARELLE. — Non. C'est une coquine qui me fait enrager.

LISETTE. — Monsieur, laissez-moi faire, je m'en vais la sonder un peu.

SGANARELLE. — Il n'est pas nécessaire; et puisqu'elle veut être de cette humeur, je suis d'avis qu'on l'y laisse.

LISETTE. — Laissez-moi faire, vous dis-je : peut-être qu'elle se découvrira plus librement à moi qu'à vous. Quoi! madame, vous ne nous direz point ce que vous avez, et vous voulez affliger ainsi tout le monde? Il me semble qu'on n'agit point comme vous faites, et que si vous avez quelque répugnance à vous expliquer à votre père, vous n'en devez avoir aucune à me découvrir votre cœur. Dites-moi, souhaitez-vous quelque chose de lui? Il nous a dit plus d'une fois qu'il n'épargnerait rien pour vous contenter. Est-ce qu'il ne vous donne pas toute la liberté que vous souhaiteriez? et les promenades et les cadeaux ne tenteraient-ils point votre âme? Hé! avez-vous reçu quelque déplaisir de quelqu'un? Hé! n'auriez-vous point quelque secrète inclination avec qui vous souhaiteriez que votre père vous mariât? Ah! je vous entends, voilà l'affaire. Que diable! pourquoi tant de façons? Monsieur, le mystère est découvert; et...

SGANARELLE. — Va, fille ingrate, je ne te veux plus parler, et je te laisse dans ton obstination.

LUCINDE. — Mon père, puisque vous voulez que je vous dise la chose...

SGANARELLE. — Oui, je perds toute l'amitié que j'avais pour toi.
LISETTE. — Monsieur, sa tristesse...
SGANARELLE. — C'est une coquine qui me veut faire mourir.
LUCINDE. — Mon père, je veux bien...
SGANARELLE. — Ce n'est pas là la récompense de t'avoir élevée comme j'ai fait.
LISETTE. — Mais, monsieur...
SGANARELLE. — Non, je suis contre elle dans une colère épouvantable.
LUCINDE. — Mais, mon père...
SGANARELLE. — Je n'ai plus aucune tendresse pour toi.
LISETTE. — Mais...
SGANARELLE. — C'est une friponne...
LUCINDE. — Mais...
SGANARELLE. — Une ingrate...
LISETTE. — Mais...
SGANARELLE. — Une coquine, qui ne me veut pas dire ce qu'elle a.
LISETTE. — C'est un mari qu'elle veut.
SGANARELLE *faisant semblant de ne pas entendre*. — Je l'abandonne.
LISETTE. — Un mari.
SGANARELLE. — Je la déteste.
LISETTE. — Un mari.
SGANARELLE. — Et la renonce pour ma fille.
LISETTE. — Un mari.
SGANARELLE. — Non, ne m'en parlez point.
LISETTE. — Un mari.
SGANARELLE. — Ne m'en parlez point.
LISETTE. — Un mari.
SGANARELLE. — Ne m'en parlez point.
LISETTE. — Un mari, un mari, un mari!

SCÈNE IV.
LUCINDE, LISETTE.

LISETTE. — On dit bien vrai, qu'il n'y a point de pires sourds que ceux qui ne veulent pas entendre.
LUCINDE. — Hé bien! Lisette, j'avais tort de cacher mon déplaisir, et je n'avais qu'à parler pour avoir tout ce que je souhaitais de mon père! Tu le vois.
LISETTE. — Par ma foi, voilà un vilain homme; et je vous avoue que j'aurais un plaisir extrême à lui jouer quelque tour. Mais d'où vient donc, madame, que jusqu'ici vous m'avez caché votre mal?
LUCINDE. — Hélas! de quoi m'aurait servi de te le découvrir plus tôt? et n'aurais-je pas autant gagné à le tenir caché toute ma vie? Crois-tu que je n'aie pas bien prévu tout ce que tu vois maintenant, que je ne susse pas à fond tous les sentiments de mon père, et que le refus qu'il a fait porter à celui qui m'a demandée par un ami n'ait pas étouffé dans mon âme toute sorte d'espoir?
LISETTE. — Quoi! c'est cet inconnu qui vous a fait demander pour qui vous....
LUCINDE. — Peut-être n'est-il pas honnête à une fille de s'expliquer si librement; mais enfin je t'avoue que, s'il m'était permis de vouloir quelque chose, ce serait lui que je voudrais. Nous n'avons eu ensemble aucune conversation, et sa bouche ne m'a point déclaré la passion qu'il a pour moi; mais, dans tous les lieux où il m'a pu voir, ses regards et ses actions m'ont toujours parlé si tendrement, et la demande qu'il a fait faire de moi m'a paru d'un si honnête homme, que mon cœur n'a pu s'empêcher d'être sensible à ses ardeurs; et cependant tu vois où la dureté de mon père réduit toute cette tendresse.
LISETTE. — Allez, laissez-moi faire. Quelque sujet que j'aie de me plaindre de vous du secret que vous m'avez fait, je ne veux pas laisser de servir votre amour; et pourvu que vous ayez assez de résolution...
LUCINDE. — Mais que veux-tu que je fasse contre l'autorité d'un père? et s'il est inexorable à mes vœux...
LISETTE. — Allez, allez, il ne faut pas se laisser mener comme un oison; et, pourvu que l'honneur n'y soit pas offensé, on se peut libérer un peu de la tyrannie d'un père. Que prétend-il que vous fassiez? N'êtes-vous pas en âge d'être mariée? et croit-il que vous soyez de marbre? Allez, encore un coup, je veux servir votre passion, je prends dès à présent sur moi tout le soin de ses intérêts, et vous verrez que je sais des détours... Mais je vois votre père. Rentrons, et me laissez agir.

SCÈNE V.
SGANARELLE *seul*.

Il est bon quelquefois de ne point faire semblant d'entendre les choses qu'on n'entend que trop bien; et j'ai fait sagement de parer la déclaration d'un désir que je ne suis pas résolu de contenter. A-t-on jamais rien vu de plus tyrannique que cette coutume où l'on veut assujettir les pères, rien de plus impertinent et de plus ridicule que d'amasser du bien avec de grands travaux, et élever une fille avec beaucoup de soin et de tendresse, pour se dépouiller de l'un et de l'autre entre les mains d'un homme qui ne nous touche de rien? Non, non; je me moque de cet usage, et je veux garder mon bien et ma fille pour moi.

SCÈNE VI.
SGANARELLE, LISETTE.

LISETTE *courant sur le théâtre et feignant de ne pas voir Sganarelle*. — Ah! malheur! ah! disgrâce! Ah! pauvre seigneur Sganarelle, où pourrai-je te rencontrer?
LISETTE *courant toujours*. — Ah! misérable père, que feras-tu quand tu sauras cette nouvelle?
SGANARELLE *à part*. — Que dit-elle là?
LISETTE *à part*. — Que sera-ce?
SGANARELLE. — Ma pauvre maîtresse!
LISETTE *à part*. — Je suis perdu!
SGANARELLE. — Ah!
LISETTE *courant après Lisette*. — Lisette!
SGANARELLE. — Quelle infortune!
LISETTE. — Lisette!
SGANARELLE. — Quel accident!
LISETTE. — Lisette!
SGANARELLE. — Quelle fatalité!
LISETTE. — Lisette!
LISETTE *s'arrêtant*. — Ah! monsieur...
SGANARELLE. — Qu'est-ce?
LISETTE. — Monsieur...
SGANARELLE. — Qu'y a-t-il?
LISETTE. — Votre fille...
SGANARELLE. — Ah! ah!
LISETTE. — Monsieur, ne pleurez donc point comme cela, car vous me feriez rire.
SGANARELLE. — Dis donc vite.
LISETTE. — Votre fille, toute saisie des paroles que vous lui avez dites, et de la colère effroyable où elle vous a vu contre elle, est montée dans sa chambre, et, pleine de désespoir, a ouvert la fenêtre qui regarde sur la rivière.
SGANARELLE. — Hé bien?
LISETTE. — Alors levant les yeux au ciel : Non, a-t-elle dit, il m'est impossible de vivre avec le courroux de mon père; et, puisqu'il me renonce pour sa fille, je veux mourir.
SGANARELLE. — Elle s'est jetée?
LISETTE. — Non, monsieur; elle a fermé tout doucement la fenêtre et s'est allée mettre sur le lit. Là, elle s'est prise à pleurer amèrement, et tout d'un coup son visage a pâli, ses yeux se sont tournés, le cœur lui a manqué, et elle est demeurée entre mes bras.
SGANARELLE. — Ah! ma fille! Elle est morte?
LISETTE. — Non, monsieur. A force de la tourmenter, je l'ai fait revenir; mais cela lui reprend de moment en moment, et je crois qu'elle ne passera pas la journée.
SGANARELLE. — Champagne, Champagne, Champagne!

SCÈNE VII.
SGANARELLE, CHAMPAGNE, LISETTE.

SGANARELLE. — Vite, qu'on m'aille quérir des médecins, et en quantité. On n'en peut trop avoir dans une pareille aventure. Ah! ma fille! ma pauvre fille!

SCÈNE VIII.
PREMIÈRE ENTRÉE.

Champagne, valet de Sganarelle, frappe en dansant aux portes de quatre médecins.

SCÈNE IX.

Les quatre médecins dansent et entrent avec cérémonie chez Sganarelle.

ACTE DEUXIÈME.

SCÈNE I.
SGANARELLE, LISETTE.

LISETTE. — Que voulez-vous donc faire, monsieur, de quatre médecins? N'est-ce pas assez d'un pour tuer une personne?
SGANARELLE. — Taisez-vous. Quatre conseils valent mieux qu'un.
LISETTE. — Est-ce que votre fille ne peut pas bien mourir sans le secours de ces messieurs-là?
SGANARELLE. — Est-ce que les médecins font mourir?
LISETTE. — Sans doute; et j'ai connu un homme qui prouvait, par de bonnes raisons, qu'il ne faut jamais dire : Une telle personne est

morte d'une fièvre et d'une fluxion sur la poitrine; mais : Elle est morte de quatre médecins et de deux apothicaires.

SGANARELLE. — Chut! n'offensez pas ces messieurs-là.

LISETTE. — Ma foi, monsieur, notre chat est réchappé depuis peu d'un saut qu'il fit du haut du haut de la maison dans la rue, et il fut trois jours sans manger, et sans pouvoir remuer ni pied ni patte; mais il est bien heureux de ce qu'il n'y a point de chats médecins, car ses affaires étaient faites, et ils n'auraient pas manqué de le purger et de le saigner.

SGANARELLE. — Voulez-vous vous taire? vous dis-je. Mais voyez quelle impertinence! Les voici.

LISETTE. — Prenez garde, vous allez être bien édifié. Ils vous diront en latin que votre fille est malade.

SCÈNE II.

Messieurs TOMÈS, DESFONANDRÈS, MACROTON, BAHIS; SGANARELLE, LISETTE.

SGANARELLE. — Hé bien, messieurs?

M. TOMÈS. — Nous avons vu suffisamment la malade, et sans doute qu'il y a beaucoup d'impuretés en elle.

SGANARELLE. — Ma fille est impure!

M. TOMÈS. — Je veux dire qu'il y a beaucoup d'impuretés dans son corps, quantité d'humeurs corrompues.

SGANARELLE. — Ah! je vous entends.

M. TOMÈS. — Mais... nous allons consulter ensemble.

SGANARELLE. — Allons, faites donner des sièges.

LISETTE à M. Tomès. — Ah! monsieur, vous en êtes!

SGANARELLE à Lisette. — De quoi donc connaissez-vous monsieur?

LISETTE. — De l'avoir vu l'autre jour chez la bonne amie de madame votre nièce.

M. TOMÈS. — Comment se porte son cocher?

LISETTE. — Fort bien. Il est mort.

M. TOMÈS. — Mort?

LISETTE. — Oui.

M. TOMÈS. — Cela ne se peut.

LISETTE. — Je ne sais pas si cela se peut, mais je sais bien que cela est.

M. TOMÈS. — Il ne peut pas être mort, vous dis-je.

LISETTE. — Et moi, je vous dis qu'il est mort et enterré.

M. TOMÈS. — Vous vous trompez.

LISETTE. — Je l'ai vu.

M. TOMÈS. — Cela est impossible. Hippocrate dit que ces sortes de maladies ne se terminent qu'au quatorze, ou au vingt-un; et il n'y a que six jours qu'il est tombé malade.

LISETTE. — Hippocrate dira ce qu'il lui plaira; mais le cocher est mort.

SGANARELLE. — Paix, discoureuse. Allons, sortons d'ici. Messieurs, je vous supplie de consulter de la bonne manière. Quoique ce ne soit pas la coutume de payer auparavant, toutefois, de peur que je l'oublie, et afin que ce soit une affaire faite, voici...

(Il leur donne de l'argent, et chacun en le recevant fait un geste différent.)

SCÈNE III.

Messieurs DESFONANDRÈS, TOMÈS, MACROTON, BAHIS.

(Ils s'asseyent et toussent.)

M. DESFONANDRÈS — Paris est étrangement grand, et il faut faire de longs trajets quand la pratique donne un peu.

M. TOMÈS. — Il faut avouer que j'ai une mule admirable pour cela, et qu'on a peine à croire le chemin que je lui fais faire tous les jours.

M. DESFONANDRÈS. — J'ai un cheval merveilleux, et c'est un animal infatigable.

M. TOMÈS. — Savez-vous le chemin que ma mule a fait aujourd'hui? J'ai été premièrement tout contre l'Arsenal; de l'Arsenal, au bout du faubourg Saint-Germain; du faubourg Saint-Germain, au fond du Marais; du fond du Marais, à la porte Saint-Honoré; de la porte Saint-Honoré, au faubourg Saint-Jacques; du faubourg Saint-Jacques, à la porte de Richelieu; de la porte Richelieu, ici; d'ici, je dois aller encore à la place Royale.

M. DESFONANDRÈS. — Mon cheval a fait tout cela aujourd'hui; et de plus, j'ai été à Ruel voir un malade.

M. TOMÈS. — Mais, à propos, quel parti prenez-vous dans la querelle des deux médecins Théophraste et Artémius? car c'est une affaire qui partage tout notre corps.

M. DESFONANDRÈS. — Moi, je suis pour Artémius.

M. TOMÈS. — Et moi aussi. Ce n'est pas que son avis, comme on a vu, n'ait tué le malade, et que celui de Théophraste ne fût beaucoup meilleur assurément: mais enfin il a tort dans les circonstances, et il ne devait pas être d'un autre avis que son ancien. Qu'en dites-vous?

M. DESFONANDRÈS. — Sans doute, il faut toujours garder des formalités, quoi qu'il puisse arriver.

M. TOMÈS. — Pour moi, j'y suis sévère en diable, à moins que ce ne soit entre amis; et l'on nous assembla un jour, trois de nous autres, avec un médecin de dehors, pour une consultation, où j'arrêtai toute l'affaire, et ne voulus point endurer qu'on opinât, si les choses n'allaient dans l'ordre. Les gens de la maison faisaient ce qu'ils pouvaient, et la maladie pressait; mais je n'en voulus point démordre, et le malade mourut bravement pendant cette contestation.

M. DESFONANDRÈS. — C'est fort bien fait d'apprendre aux gens à vivre, et de leur montrer leur béjaune.

M. TOMÈS. — Un homme mort n'est qu'un homme mort, et ne fait point de conséquence; mais une formalité négligée porte un notable préjudice à tout le corps des médecins.

SCÈNE IV.

SGANARELLE, Messieurs TOMÈS, DESFONANDRÈS, MACROTON, BAHIS.

SGANARELLE. — Messieurs, l'oppression de ma fille augmente; je vous prie de me dire vite ce que vous avez résolu.

M. TOMÈS à M. Desfonandrès. — Allons, monsieur.

M. DESFONANDRÈS. — Non, monsieur; parlez, s'il vous plaît.

M. TOMÈS. — Vous vous moquez.

M. DESFONANDRÈS. — Je ne parlerai pas le premier.

M. TOMÈS. — Monsieur...

M. DESFONANDRÈS. — Monsieur...

SGANARELLE. — Hé! de grâce, messieurs, laissez toutes ces cérémonies, et songez que les choses pressent.

(Ils parlent tous quatre à la fois.)

M. TOMÈS. — La maladie de votre fille...

M. DESFONANDRÈS. — L'avis de tous ces messieurs tous ensemble...

M. MACROTON. — A-près-a-voir bien con-sul-té...

M. BAHIS. — Pour raisonner...

SGANARELLE. — Hé! messieurs, parlez l'un après l'autre, de grâce.

M. TOMÈS. — Monsieur, nous avons raisonné sur la maladie de votre fille; et mon avis, à moi, est que cela procède d'une grande chaleur de sang: ainsi je conclus à la saigner le plus tôt que vous pourrez.

M. DESFONANDRÈS. — Et moi, je dis que sa maladie est une pourriture d'humeurs causée par une trop grande réplétion : ainsi je conclus à lui donner de l'émétique.

M. TOMÈS. — Je soutiens que l'émétique la tuera.

M. DESFONANDRÈS. — Et moi, que la saignée la fera mourir.

M. TOMÈS. — C'est bien à vous de faire l'habile homme!

M. DESFONANDRÈS. — Oui, c'est à moi; et je vous prêterai le collet en tout genre d'érudition.

M. TOMÈS. — Souvenez-vous de l'homme que vous fîtes crever ces jours passés.

M. DESFONANDRÈS. — Souvenez-vous de la dame que vous avez envoyée en l'autre monde il y a trois jours.

M. TOMÈS à Sganarelle. — Je vous ai dit mon avis.

M. DESFONANDRÈS à Sganarelle. — Je vous ai dit ma pensée

M. TOMÈS. — Si vous ne faites saigner tout à l'heure votre fille, c'est une personne morte. (Il sort.)

M. DESFONANDRÈS. — Si vous la faites saigner, elle ne sera pas en vie dans un quart d'heure. (Il sort.)

SCÈNE V.

SGANARELLE, Messieurs MACROTON, BAHIS.

SGANARELLE. — A qui croire des deux? et quelle résolution prendre sur des avis si opposés? Messieurs, je vous conjure de déterminer mon esprit, et de me dire sans passion ce que vous croyez le plus propre à soulager ma fille.

M. MACROTON. — Mon-si-eur, dans ces ma-ti-è-res-là, il faut pro-cé-der a-vec-que cir-cons-pec-ti-on, et ne ri-en fai-re, com-me on dit, à la vo-lé-e, d'au-tant que les fau-tes qu'on y peut fai-re sont, se-lon no-tre maî-tre Hip-po-cra-te, d'u-ne dan-ge-reu-se con-sé-quen-ce.

M. BAHIS bredouillant. — Il est vrai; il faut bien prendre garde à ce qu'on fait, car ce ne sont point ici des jeux d'enfants; et quand on a failli, il n'est pas aisé de réparer le manquement et de rétablir ce qu'on a gâté. Experimentum periculosum. C'est pourquoi il s'agit de raisonner auparavant comme il faut, de peser mûrement les choses, de regarder le tempérament des gens, d'examiner les causes de la maladie, et de voir les remèdes qu'on y doit apporter.

SGANARELLE à part. — L'un va en tortue, et l'autre court la poste.

M. MACROTON. — Or, mon-si-eur, pour ve-nir au fait, je trou-ve que vo-tre fil-le a u-ne ma-la-die chro-ni-que, et qu'el-le peut pé-ri-cli-ter si on ne lui don-ne du se-cours, d'au-tant que les symp-tô-mes qu'el-le a sont in-di-ca-tifs d'u-ne va-peur fu-li-gi-neu-se et mor-di-can-te qui lui pi-co-te les mem-bra-nes du cer-veau. Or cet-te va-peur, que nous nom-mons en grec at-mos, est cau-sé-e par des hu-meurs pu-tri-des, te-na-ces, con-glu-ti-neu-ses, qui sont con-te-nu-es dans le bas-ventre.

M. BAHIS. — Et comme ces humeurs ont été là engendrées par une longue succession de temps, elles s'y sont recuites, et ont acquis cette malignité qui fume vers la région du cerveau.

M. MACROTON. — Si bien donc que, pour ti-rer, dé-ta-cher, ar-ra-cher, ex-pul-ser, é-va-cu-er les-di-tes hu-meurs, il fau-dra u-ne pur-ga-ti-on vi-gou-reu-se. Mais, au pré-a-la-ble, je trou-ve à pro-pos et il n'y a pas d'in-con-vé-ni-ent d'u-ser de pe-tits re-mè-des a-no-dins, c'est-à-di-re de pe-tits la-ve-ments ré-mol-li-ents et dé-ter-sifs, de ju-leps et de si-rops ra-fraî-chis-sants qu'on mê-le-ra dans sa ti-sa-ne.

M. BAHIS. — Après, nous en viendrons à la purgation et à la saignée, que nous réitérerons s'il en est besoin.

M. MACROTON. — Ce n'est pas qu'a-vec tout ce-la vo-tre fil-le ne puis-se mou-rir; mais au moins vous au-rez fait quel-que cho-se, et vous au-rez la con-so-la-tion qu'el-le se-ra mor-te dans les for-mes.

M. BAHIS. — Il vaut mieux mourir selon les règles que de réchapper contre les règles.

M. MACROTON. — Nous vous di-sons sin-cè-re-ment no-tre pen-sé-e.

M. BAHIS. — Et vous avez parlé comme nous parlerions à notre propre frère.

SGANARELLE à M. Macroton, en allongeant ses mots. — Je vous rends très-hum-bles grâ-ces. (A M. Bahis, en bredouillant.) Et vous suis infiniment obligé de la peine que vous avez prise.

SCÈNE VI.
SGANARELLE seul.

Me voilà justement un peu plus incertain que je n'étais auparavant. Morbleu! il me vient une fantaisie. Il faut que j'aille acheter de l'orviétan, et que je lui en fasse prendre. L'orviétan est un remède dont beaucoup de gens se sont bien trouvés. Holà!

SCÈNE VII.
DEUXIÈME ENTRÉE.
SGANARELLE, UN OPÉRATEUR.

SGANARELLE. — Monsieur, je vous prie de me donner une boîte de votre orviétan, que je m'en vais vous payer.

L'OPÉRATEUR chante.

L'or de tous les climats qu'entoure l'Océan
Peut-il jamais payer ce secret d'importance?
Mon remède guérit, par sa rare excellence,
Plus de maux qu'on n'en peut nombrer dans tout un an :

La gale,
La rogne,
La teigne,
La fièvre,
La peste,
La goutte,
Vérole,
Descente,
Rougeole.
O grande puissance
De l'orviétan!

SGANARELLE. — Monsieur, je crois que tout l'or du monde n'est pas capable de payer votre remède; mais pourtant voici une pièce de trente sous, que vous prendrez, s'il vous plaît.

L'OPÉRATEUR chante.

Admirez mes bontés et le peu qu'on vous vend
Ce trésor merveilleux que ma main vous dispense.
Vous pouvez avec lui braver en assurance
Tous les maux que sur nous l'ire du ciel répand :

La gale,
La rogne,
La teigne,
La fièvre,
La peste,
La goutte,
Vérole,
Descente,
Rougeole.
O grande puissance
De l'orviétan!

SCÈNE VIII.

Plusieurs Trivelins et plusieurs Scaramouches, valets de l'opérateur, se réjouissent en dansant.

ACTE TROISIÈME.

SCÈNE I.
MESSIEURS FILLERIN, TOMÈS, DESFONANDRÈS.

M. FILLERIN. — N'avez-vous point de honte, messieurs, de montrer si peu de prudence, pour des gens de votre âge, et de vous être querellés comme de jeunes étourdis? Ne voyez-vous pas bien quel tort ces sortes de querelles nous font parmi le monde? et n'est-ce pas assez que les savants voient les contrariétés et les dissensions qui sont entre nos auteurs et nos anciens maîtres, sans découvrir encore au peuple, par vos débats et nos querelles, la forfanterie de notre art? Pour moi, je ne comprends rien du tout à cette méchante politique de quelques-uns de nos gens; et il faut confesser que toutes ces contestations nous ont décriés depuis peu d'une étrange manière, et que, si nous n'y prenons garde, nous allons nous ruiner nous-mêmes. Je n'en parle pas pour mon intérêt; car, Dieu merci, j'ai déjà établi mes petites affaires. Qu'il vente, qu'il pleuve, qu'il grêle, ceux qui sont morts sont morts, et j'ai de quoi me passer des vivants. Mais enfin toutes ces disputes ne valent rien pour la médecine. Puisque le ciel nous fait la grâce que, depuis tant de siècles, on demeure infatué de nous, ne désabusons point les hommes avec nos cabales extravagantes, et profitons de leurs sottises le plus doucement que nous pourrons. Nous ne sommes pas les seuls, comme vous savez, qui tâchons à nous prévaloir de la faiblesse humaine. C'est là que va l'étude de la plupart du monde, et chacun s'efforce de prendre les hommes par leur faible pour en tirer quelque profit. Les flatteurs, par exemple, cherchent à profiter de l'amour que les hommes ont pour les louanges, en leur donnant tout le vain encens qu'ils souhaitent; et c'est un art où l'on fait, comme on voit, des fortunes considérables : les alchimistes tâchent à profiter de la passion que l'on a pour les richesses, en promettant des montagnes d'or à ceux qui les écoutent : les diseurs d'horoscope, par leurs prédictions trompeuses, profitent de la vanité et de l'ambition des crédules esprits. Mais le plus grand faible des hommes, c'est l'amour qu'ils ont pour la vie; et nous en profitons, nous autres, par notre pompeux galimatias, et savons prendre nos avantages de cette vénération que la peur de mourir leur donne pour notre métier. Conservons-nous donc dans le degré d'estime où leur faiblesse nous a mis, et soyons de concert auprès des malades pour nous attribuer les heureux succès de la maladie, et rejeter sur la nature toutes les bévues de notre art. N'allons point, dis-je, détruire sottement les heureuses préventions d'une erreur qui donne du pain à tant de personnes, et, de l'argent de ceux que nous mettons en terre, nous fait élever de tous côtés de si beaux héritages.

M. TOMÈS. — Vous avez raison en tout ce que vous dites; mais ce sont chaleurs de sang dont parfois on n'est pas le maître.

M. FILLERIN. — Allons donc, messieurs, mettez bas toute rancune, et faisons ici votre accommodement.

M. DESFONANDRÈS. — J'y consens. Qu'il me passe mon émétique pour la malade dont il s'agit, et je lui passerai tout ce qu'il voudra pour le premier malade dont il sera question.

M. FILLERIN. — On ne peut pas mieux dire; et voilà se mettre à la raison.

M. DESFONANDRÈS. — Cela est fait.

M. FILLERIN. — Touchez donc là. Adieu. Une autre fois montrez plus de prudence.

SCÈNE II.
M. TOMÈS, M. DESFONANDRÈS, LISETTE.

LISETTE. — Quoi! messieurs, vous voilà, et vous ne songez pas à réparer le tort qu'on vient de faire à la médecine!

M. TOMÈS. — Comment, qu'est-ce?

LISETTE. — Un insolent qui a eu l'effronterie d'entreprendre sur votre métier, et, sans votre ordonnance, vient de tuer un homme d'un grand coup d'épée au travers du corps.

M. TOMÈS. — Ecoutez : vous faites la railleuse; mais vous passerez par nos mains quelque jour.

LISETTE. — Je vous permets de me tuer lorsque j'aurai recours à vous.

SCÈNE III.
CLITANDRE en habit de médecin, LISETTE.

CLITANDRE. — Hé bien! Lisette, que dis-tu de mon équipage? crois-tu qu'avec cet habit je puisse duper le bonhomme? me trouves-tu bien ainsi?

LISETTE. — Le mieux du monde, et je vous attendais avec impatience. Enfin le ciel m'a faite d'un naturel le plus humain du monde, et je ne puis voir deux amants soupirer l'un pour l'autre qu'il ne me prenne une tendresse charitable et un désir ardent de soulager les maux qu'ils souffrent. Je veux, à quelque prix que ce soit, tirer Lucinde de la tyrannie où elle est, et la mettre en votre pouvoir. Vous m'avez plu d'abord; je me connais en gens, et elle ne peut pas mieux choisir. L'amour risque des choses extraordinaires, et nous avons concerté ensemble une manière de stratagème qui pourra peut-être nous réussir. Toutes nos mesures sont déjà prises : l'homme à qui nous avons affaire n'est pas des plus fins de ce monde; et si cette aventure nous manque, nous trouverons mille autres voies pour arriver à notre but. Attendez-moi là seulement, je reviens vous quérir.

(Clitandre se retire dans le fond du théâtre.)

SCÈNE IV.
SGANARELLE, LISETTE.

LISETTE. — Monsieur, allégresse ! allégresse !
SGANARELLE. — Qu'est-ce ?
LISETTE. — Réjouissez-vous.
SGANARELLE. — De quoi ?
LISETTE. — Réjouissez-vous, vous dis-je.
SGANARELLE. — Dis-moi donc ce que c'est, et puis je me réjouirai peut-être.
LISETTE. — Non. Je veux que vous vous réjouissiez auparavant, que vous chantiez, que vous dansiez.
SGANARELLE. — Sur quoi ?
LISETTE. — Sur ma parole.
SGANARELLE. — Allons donc. (*Il chante et danse.*) La lera la la, la lera la. Que diable !
LISETTE. — Monsieur, votre fille est guérie.
SGANARELLE. — Ma fille est guérie !
LISETTE. — Oui. Je vous amène un médecin, mais un médecin d'importance, qui fait des cures merveilleuses, et qui se moque des autres médecins.
SGANARELLE. — Où est-il ?
LISETTE. — Je vais le faire entrer.
SGANARELLE *seul*. — Il faut voir si celui-ci fera plus que les autres.

SCÈNE V.
CLITANDRE *en habit de médecin*, SGANARELLE, LISETTE.

LISETTE *amenant Clitandre*. — Le voici.
SGANARELLE. — Voilà un médecin qui a la barbe bien jeune.
LISETTE. — La science ne se mesure pas à la barbe, et ce n'est pas par le menton qu'il est habile.
SGANARELLE. — Monsieur, on m'a dit que vous aviez des remèdes admirables pour faire aller à la selle.
CLITANDRE. — Monsieur, mes remèdes sont différents de ceux des autres. Ils ont l'émétique, les saignées, les médecines et les lavements ; mais moi je guéris par des paroles, par des sons, par des lettres, par des talismans, et par des anneaux constellés.
LISETTE. — Que vous ai-je dit ?
SGANARELLE. — Voilà un grand homme !
LISETTE. — Monsieur, comme votre fille est là tout habillée dans une chaise, je vais la faire passer ici.
SGANARELLE. — Oui. Fais.
CLITANDRE *tâtant le pouls à Sganarelle*. — Votre fille est bien malade.
SGANARELLE. — Vous connaissez cela ici ?
CLITANDRE. — Oui, par la sympathie qu'il y a entre le père et la fille.

SCÈNE VI.
SGANARELLE, LUCINDE, CLITANDRE, LISETTE.

LISETTE *à Clitandre*. — Tenez, monsieur, voilà une chaise auprès d'elle. (*A Sganarelle.*) Allons, laissez-les là tous deux.
SGANARELLE. — Pourquoi ? Je veux demeurer là.
LISETTE. — Vous moquez-vous ! il faut s'éloigner. Un médecin a cent choses à demander qu'il n'est pas honnête qu'un homme entende.
(*Sganarelle et Lisette s'éloignent.*)
CLITANDRE *bas à Lucinde*. — Ah ! madame, que le ravissement où je me trouve est grand ! et que je sais peu par où vous commencer mon discours ! Tant que je ne vous ai parlé que des yeux, j'avais, ce me semblait, cent choses à vous dire ; et maintenant que j'ai la liberté de vous parler de la façon que je souhaitais, je demeure interdit, et la grande joie où je suis étouffe toutes mes paroles.
LUCINDE. — Je puis vous dire la même chose, et je sens comme vous des mouvements de joie qui m'empêchent de pouvoir parler.
CLITANDRE. — Ah ! madame, que je serais heureux s'il était vrai que vous sentissiez tout ce que je sens, et qu'il me fût permis de juger de votre âme par la mienne ! Mais, madame, puis-je au moins croire que ce soit à vous à qui je doive la pensée de cet heureux stratagème qui me fait jouir de votre présence ?
LUCINDE. — Si vous ne m'en devez pas la pensée, vous m'êtes redevable au moins d'en avoir approuvé la proposition avec beaucoup de joie.
SGANARELLE *à Lisette*. — Il me semble qu'il lui parle de bien près.
LISETTE *à Sganarelle*. — C'est qu'il observe sa physionomie et tous les traits de son visage.
CLITANDRE *à Lucinde*. — Serez-vous constante, madame, dans ces bontés que vous me témoignez ?
LUCINDE. — Mais vous, serez-vous ferme dans les résolutions que vous avez montrées ?
CLITANDRE. — Ah ! madame, jusqu'à la mort. Je n'ai point de plus forte envie que d'être à vous, et je vais le faire paraître dans ce que vous m'allez voir faire.

SGANARELLE *à Clitandre*. — Hé bien ! notre malade ? Elle me semble un peu plus gaie.
CLITANDRE. — C'est que j'ai déjà fait agir sur elle un de ces remèdes que mon art m'enseigne. Comme mon esprit a un grand empire sur le corps, et que c'est de lui bien souvent que procèdent les maladies, ma coutume est de courir à guérir les esprits avant que de venir aux corps. J'ai donc observé ses regards, les traits de son visage et les lignes de ses deux mains ; et, par la science que le ciel m'a donnée, j'ai reconnu que c'était de l'esprit qu'elle était malade, et que tout son mal ne venait que d'une imagination déréglée et d'un désir dépravé de vouloir être mariée. Pour moi, je ne vois rien de plus extravagant et de plus ridicule que cette envie qu'on a du mariage.
SGANARELLE *à part*. — Voilà un habile homme !
CLITANDRE. — Et j'ai eu et aurai pour lui, toute ma vie, une aversion effroyable.
SGANARELLE *à part*. — Voilà un grand médecin !
CLITANDRE. — Mais comme il faut flatter l'imagination des malades, et que j'ai vu en elle de l'aliénation d'esprit, et même qu'il y avait du péril à ne lui pas donner un prompt secours, je l'ai prise par son faible, et lui ai dit que j'étais venu ici pour vous la demander en mariage. Soudain son visage a changé, son teint s'est éclairci, ses yeux se sont animés ; et si vous voulez, pour quelques jours, l'entretenir dans cette erreur, vous verrez que nous la tirerons d'où elle est.
SGANARELLE. — Oui-dà, je le veux bien.
CLITANDRE. — Après, nous ferons agir d'autres remèdes pour la guérir entièrement de cette fantaisie.
SGANARELLE. — Oui, cela est le mieux du monde. Hé bien ! ma fille, voilà monsieur qui a envie de t'épouser, et je lui ai dit que je le voulais bien.
LUCINDE. — Hélas ! est-il possible ?
SGANARELLE. — Oui.
LUCINDE. — Mais tout de bon ?
SGANARELLE. — Oui, oui.
LUCINDE *à Clitandre*. — Quoi ! vous êtes dans les sentiments d'être mon mari ?
CLITANDRE. — Oui, madame.
LUCINDE. — Et mon père y consent ?
SGANARELLE. — Oui, ma fille.
LUCINDE. — Ah ! que je suis heureuse si cela est véritable !
CLITANDRE. — N'en doutez point, madame. Ce n'est pas d'aujourd'hui que je vous aime, et que je brûle de me voir votre mari. Je ne suis venu ici que pour cela ; et, si vous voulez que je vous dise nettement les choses comme elles sont, cet habit n'est qu'un prétexte inventé, et je n'ai fait le médecin que pour m'approcher de vous, et obtenir plus facilement ce que je souhaite.
LUCINDE. — C'est me donner des marques d'un amour bien tendre, et j'y suis sensible autant que je puis.
SGANARELLE *à part*. — O la folle ! ô la folle ! ô la folle !
CLITANDRE. — Vous voulez donc bien, mon père, me donner monsieur pour époux ?
SGANARELLE. — Oui. Çà, donne-moi ta main. Donnez-moi aussi un peu la vôtre, pour voir.
CLITANDRE. — Mais, monsieur...
SGANARELLE *étouffant de rire*. — Non, non ; c'est pour... pour lui contenter l'esprit. Touchez là. Voilà qui est fait.
CLITANDRE. — Acceptez, pour gage de ma foi, cet anneau que je vous donne. (*Bas à Sganarelle.*) C'est un anneau constellé qui guérit les égarements d'esprit.
LUCINDE. — Faisons donc le contrat, afin que rien n'y manque.
SGANARELLE. — Hélas ! Je le veux bien, madame. (*Bas à Sganarelle.*) Je vais faire monter l'homme qui écrit mes remèdes, et lui faire croire que c'est un notaire.
SGANARELLE. — Fort bien.
CLITANDRE. — Holà ! faites monter le notaire que j'ai amené avec moi.
LUCINDE. — Quoi ! vous aviez amené un notaire ?
CLITANDRE. — Oui, madame.
LUCINDE. — J'en suis ravie.
SGANARELLE. — O la folle ! ô la folle !

SCÈNE VII.
LE NOTAIRE, CLITANDRE, SGANARELLE, LUCINDE, LISETTE.

(*Clitandre parle bas au notaire.*)

SGANARELLE *au notaire*. — Oui, monsieur, il faut faire un contrat pour ces deux personnes-là. Écrivez. (*A Lucinde.*) Voilà le contrat qu'on fait. (*Au notaire.*) Je lui donne vingt mille écus en mariage. Écrivez.
LUCINDE. — Je vous suis bien obligée, mon père.
LE NOTAIRE. — Voilà qui est fait. Vous n'avez qu'à venir signer.
SGANARELLE. — Voilà un contrat bientôt bâti.
CLITANDRE *à Sganarelle*. — Mais, au moins, monsieur...
SGANARELLE. — Hé ! non, vous dis-je. Sait-on pas bien... ? (*Au no-*

taire.) Allons, donnez-lui la plume pour signer. (*A Lucinde.*) Allons, signe, signe, signe. Va, va, je signerai tantôt, moi.

LUCINDE. — Non, non; je veux avoir le contrat entre mes mains.

SGANARELLE. — Hé bien! tiens. (*Après avoir signé.*) Es-tu contente?

LUCINDE. — Plus qu'on ne peut s'imaginer.

SGANARELLE. — Voilà qui est bien, voilà qui est bien.

CLITANDRE. — Au reste, je n'ai pas eu seulement la précaution d'amener un notaire; j'ai eu celle encore de faire venir des voix, des instruments et des danseurs pour célébrer la fête et pour nous réjouir. Qu'on les fasse venir. Ce sont des gens que je mène avec moi, et dont je me sers tous les jours pour pacifier, avec leur harmonie et leurs danses, les troubles de l'esprit.

SCÈNE VIII.

SGANARELLE, LUCINDE, CLITANDRE, LISETTE.

TROISIÈME ENTRÉE.

LA COMÉDIE, LE BALLET, LA MUSIQUE, JEUX, RIS, PLAISIRS.

LA COMÉDIE, LE BALLET, LA MUSIQUE *ensemble.*
    Sans nous, tous les hommes
    Deviendraient malsains;
    Et c'est nous qui sommes
    Leurs grands médecins.

LA COMÉDIE.   Veut-on qu'on rabatte,
    Par des moyens doux,
    Les vapeurs de rate
    Qui nous minent tous?
    Qu'on laisse Hippocrate,
    Et qu'on vienne à nous.

TOUS TROIS ENSEMBLE. Sans nous, tous les hommes
    Deviendraient malsains;
    Et c'est nous qui sommes
    Leurs grands médecins.

(*Pendant que les Jeux, les Ris et les Plaisirs dansent, Clitandre emmène Lucinde.*)

SCÈNE IX.

SGANARELLE, LISETTE, LA COMÉDIE, LA MUSIQUE, LE BALLET, JEUX, RIS, PLAISIRS.

SGANARELLE. — Voilà une plaisante façon de guérir! Où est donc ma fille et le médecin?

LISETTE. — Ils sont allés achever le reste du mariage.

SGANARELLE. — Comment! le mariage!

LISETTE. — Ma foi, monsieur, la bécasse est bridée, et vous avez cru faire un jeu qui demeure une vérité.

SGANARELLE. — Comment diable! (*Il veut aller après Clitandre et Lucinde, les danseurs le retiennent.*) Laissez-moi aller, laissez-moi aller, vous dis-je. (*Les danseurs le retiennent toujours.*) Encore! (*Ils veulent faire danser Sganarelle de force.*) Peste des gens!

L'AMOUR MÉDECIN. — ACTE II, SCÈNE V.
CLITANDRE *tâtant le pouls à Sganarelle.* — Votre fille est bien malade.

FIN DE L'AMOUR MÉDECIN.

PARIS. — IMPRIMERIE DE WALDER, RUE BONAPARTE, 44.

www.ingramcontent.com/pod-product-compliance
Lightning Source LLC
Chambersburg PA
CBHW071434060426
42450CB00009BA/2166